강한 현장이 강한 기업을 만든다

강한 현장이 강한 기업을 만든다

저자_ 허남석과 포스코 사람들
1판 1쇄 인쇄_ 2009. 11. 10.
1판15쇄 발행_ 2009.12.28.

발행처_ 김영사
발행인_ 박은주

등록번호_ 제406-2003-036호
등록일자_ 1979. 5. 17.

경기도 파주시 교하읍 문발리 출판단지 515-1 우편번호 413-756
마케팅부 031)955-3100, 편집부 031)955-3250, 팩시밀리 031)955-3111

저작권자 ⓒ 허남석, 2009
이 책의 저작권은 저자에게 있습니다. 저자와 출판사의 허락 없이
내용의 일부를 인용하거나 발췌하는 것을 금합니다.

Copyright ⓒ 2009 by Nam-suk, Heo
All right reserved including the rights of reproduction
in whole or in part in any form. Printed in KOREA.

값은 뒤표지에 있습니다.
ISBN 978-89-349-3598-8 03320

독자의견 전화_ 031) 955-3200
홈페이지_ http://www.gimmyoung.com
이메일_ bestbook@gimmyoung.com

좋은 독자가 좋은 책을 만듭니다.
김영사는 독자 여러분의 의견에 항상 귀 기울이고 있습니다.

강한 현장이 강한 기업을 만든다

허남석과 포스코 사람들 지음

POSCO WAY

지속생존하는 글로벌 초일류기업 포스코, 성장과 혁신의 비밀

김영사

추천의 말

희망은 여전히 현장입니다

21세기를 살아가는 리더가 셀 수 없이 듣고 보고 되새기는 단어는 아마도 '혁신'일 것입니다. 그만큼 많은 사업장에서 혁신을 주장하고 또한 그것을 시도하고 있습니다. 그러나 혁신에 성공하기는 결코 쉽지 않습니다. 혁신이라는 것이 말이나 의지만으로 되는 게 아니기 때문입니다. 혁신은 두뇌로 하는 것도 아니고 유명한 이론으로 하는 것도 아닙니다.

포스코에게 혁신은 그저 공기와 같을 뿐입니다. 포항의 허허벌판에서 쇳물을 끓여내던 40년 전부터 늘 혁신과 함께하며 혁신의 역사를 써왔기 때문입니다. 바로 그것이 오늘날 세계가 인정하는 포스코의 토대입니다. 그렇지만 현재의 성공이 미래의 성공을 보장한다는 생각은 하지 않습니다.

많은 사람이 오늘날을 급변의 시대, 불안정의 시대로 규정짓지만 비즈니스 세계가 불변이나 안정과 친했던 적은 한시도 없습니다. 세계 경제는 심한 지각 변동으로 굴곡진 역사를 이어왔고 우리는 10년 후, 아니 100년 후에도 세계 최고의 철강회사로 살아남기 위한 해법에 온몸을 던져왔습니다. 특히 중국의 제철업이 크게 성장하고 세계적인 철강회사들이 M&A를 통해 몸집을 키우며 시장 질서를 어지럽혀 제철업계의 미래가 불투명해질 무렵부터 더욱 혹독한 혁신을 전개하기 시작했습니다.

우리에게 혁신이란 곧 '강한 현장을 만드는 것'을 의미합니다. 강한 현장만이 최고의 강판을 만들어낼 수 있기 때문입니다. 우리는 그것을 믿고 전 사원이 현장을 송두리째 바꾸는 일에 매달려왔습니다. 무엇보다 모든 혁신 이론을 현장의 상황에 맞게 변화시켰고, 제아무리 세계적인 이론일지라도 현장에 맞지 않으면 과감히 버렸습니다.

리더와 사원이 미래에 대한 확실한 비전을 한마음으로 공유하면 그 열기는 바이러스처럼 빠른 속도로 퍼져나가게 마련입니다. 우리는 그것을 경험하며 가슴 벅찬 감동을 맛보았습니다. 전 사원은 물론 그들의 가족, 지역 주민에게까지 혁신의 바이러스가 퍼져나가는 것을 보며 큰 감동을 느꼈으며 비전에 고무된 현장은 혁신의 뜨거운 열기로 펄펄 끓었습니다. TOP이 솔선수범해 성공사례를 만들면 분야별 리더들이 그것을 자신의 사업장에 이식했고 이는 다시 전 공장으로 들불처럼 번져나갔습니다.

미래를 향한 비전 앞에서 모든 사원과 리더들, TOP이 하나가 되면서 포스코는 40년 만에 매출액 740배, 조강 생산량 74배 성장이라는 놀라운 성과를 실현했습니다. 강한 현장이 최고의 강판을 만들고 나아가 초일류 기업을 만들 것이라는 우리의 믿음이 옳았던 것입니다.

많은 사람이 포스코가 일군 결과에 놀라는 한편 아낌없는 박수를 보내주었습니다. 하지만 아직 갈 길이 멀다고 생각합니다. 무엇보다 신임 CEO로서 훌륭한 선배들의 업적을 계승하고, 후배들에게 영속 가능한 기업을 전해주기 위해 지금까지의 혁신 활동을 통해 완성한 우리만의 방식을 지속적으로 발전시키고자 합니다.

한때 제철업은 시대에 뒤떨어진 굴뚝산업의 상징으로 폄하되기도 했고, 쇳물을 만드는 제선작업에서 필연적으로 이산화탄소가 배출되는 탓에 지구온난화의 주범으로 지목당하기도 했습니다. 그러나 포스코는 스스로를 더욱 담금질했고 덕분에 세계 최초로 파이넥스 공법을 개발해 이산화탄소 배출량을 현격하게 줄였습니다. 앞으로는 소형 원전을 이용한 수소환원기술을 상용화해서 환경오염이 없는 제선작업을 이루는 동시에 저탄소 녹색 성장의 선두주자가 되도록 혁신에 박차를 가할 것입니다.

이 글은 2006년 봄부터 2009년까지 불꽃처럼 타오른 포스코의 혁신 활동을 광양과 포항의 양대 제철소를 중심으로 기록한 것입니다. 남에게 자랑하기 위해 화려하게 색칠하거나 덧붙인 것은 없습니다. 그렇다고 애써 감추지도 않았습니다. 어디까지나 있는 그대로를 솔직히 드러낸 '포스코의 혁신 일지'입니다.

지금 이 시점에서 포스코의 이야기를 굳이 책으로 엮어내는 이유는 우리의 '일하는 방식'이 포스코를 넘어 포스코 패밀리인 외주파트너사와 핵심공급사, 포스코 출자사 및 해외법인에까지 확대되길 바라기 때문입니다. 특히 우리와 같은 고민을 하는 국내외 기업들에게 작은 도움이라도 되었으면 하는 혁신보국의 희망도 담고 있습니다.

  이제 포스코는 지나온 혁신의 방향과 속도를 점검하고 '자원은 유한, 창의는 무한'이라는 창업정신을 이어받아 다가오는 새로운 40년을 성공신화 창조의 새로운 장으로 삼을 각오입니다.

2009년 11월

포스코 회장 정준양

프롤로그

속도에서 밀리면 끝이다

2005년, 포스코 광양제철소는 '대담하게 맞서면 성공은 의외로 허술하다'는 말을 뼈저리게 실감했습니다. 광양제철소가 목표치를 2년이나 앞당겨 430만 톤의 자동차 강판을 만들어내면서 창사 이래 최고의 실적을 올렸던 것입니다. 품질도 눈에 띄게 좋아져 수출망이 해외의 유명 자동차 회사로 확장되었습니다. 금액으로 따지면 2002년 대비 영업이익이 무려 400퍼센트가 늘어난 3조 5,000억 원을 달성했습니다.

무엇보다 쇳물을 만드는 제선과 불순물을 걸러내고 철판을 만드는 제강 기술은 물론 열연, 냉연, 도금 등 모든 공정의 기술 수준이 괄목할 만큼 발전했습니다. 특히 표면처리를 위한 핵심 설비인 최신식 No.5 용융도금 공장을 설립해 명실 공히 세계적인 자동차 강판 전문 제철소로서의 기반을 단단히 구축할 수 있었습니다.

당시 광양제철소의 신임소장으로 발령받은 저는 그 기쁨에 온전히 동참할 수 없었습니다. 오히려 보이지 않는 위기감에 온몸이 떨려왔습니다. 머릿속에는 우리 뒤를 바짝 추격하는 중국의 제철업계와 행여 우리에게 잡힐세라 잽싸게 달아나는 일본 제철기업의 로고들로 가득 차 있었습니다. 일본과 중국 사이에 낀 우리가 살아남는 길은 하루빨리 일본의 고급강 기술을 따라잡는 것뿐이라는 생각이 들자 마음이 급했습니다.

기술은 하루아침에 개발되지 않습니다. 하지만 우리는 온몸을 던져서라도 빠른 시간 내에 최고의 기술을 개발해내야 했습니다. 현장에서 잔뼈가 굵은 저는 '산업은 현장에서 시작돼 현장에서 열매를 맺는다'고 믿습니다. 이러한 믿음을 토대로 제가 가장 먼저 눈길을 준 곳은 현장입니다. 최단 시간에 최고급 강판을 만들어내려면 그에 걸맞은 최고의 현장을 만들어야 했기 때문입니다.

최고의 현장은 경영진의 의지나 말로 만들어지는 것이 아닙니다. 우선 저는 사원들에게 혁신의 필요성을 전파하기 시작했습니다. 마치 종교를 전하는 사람처럼 매일 조찬모임과 중식모임에서 사원들에게 혁신을 전파했고 현장을 찾아가 현장 혁신을 외쳤습니다. 귀에 못이 박일 정도로 틈만 나면 혁신의 필요성을 이야기하고 또 이야기했던 것입니다.

그러다가 마침내 광양제철소의 전 사원과 가족, 외주파트너사의 전 사원, 광양 시민이 함께 모인 자리에서 광양제철소의 비전을 선포했습니다. 그 비전 선포식은 광양제철소와 지역 주민들이 마음을 열고 소통한 의미 깊은 자리였습니다.

'소통'은 곧 벽을 허물었다는 것을 뜻합니다. 이것이 바로 광양제철소가 펼친 혁신 활동의 핵심입니다. 우리는 나를 가두는 벽, 상대를 가로막는 벽을 허물고 소통했습니다. 사원간의 보이지 않는 마음의 벽도, 지금까지 고정적이던 승진의 벽도 허물었습니다. 나아가 같은 설비를 놓고 하는 일의 성격이 달라 반목하던 부서간의 벽과 남녀의 역할을 구분 짓던 성별의 벽도 무너뜨렸습니다. 이렇게 조직 내의 보이지 않는 수많은 벽을 허물자 비로소 사원들 사이에 원활한 소통이 이뤄졌습니다.

광양제철소에서 시작된 혁신의 불길은 이내 포항제철소로 번져가 포스코 전체를 혁신의 불덩어리로 타오르게 만들었습니다. 끊임없이 새로운 도전과제를 내놓고 겁없이 매달렸습니다. 포항에서 새로운 성과를 달성하면 곧바로 광양에서 그것을 능가하는 결과를 내놓으면서 포항과 광양은 선의의 신기록 경쟁을 해나갔습니다. 도무지 가능하지 않을 것 같은 일들이 포항과 광양의 양대 제철소에서 하루가 멀다 하고 터져나왔습니다. 그것이 바로 혁신의 힘이었습니다.

그러나 아무리 열정을 쏟아 부어도 리더 혼자서는 혁신을 이룰 수 없습니다. 리더와 사원들 사이에 혁신에 대한 공감대가 형성되지 않으면 리더가 목이 터져라 외쳐봐야 아무도 따라주지 않습니다. 혁신은 마음과 마음이 통할 때만 가능합니다. 저는 혁신의 물결이 일렁거리는 것을 보며 마음이 통한다는 것이 어떤 것인지 새삼 깨달았습니다. 사원들 사이에 끈끈한 정이 묻어나는 것은 물론, 제가 이상적으로 그렸던 혁신의 모습이 눈 앞에서 현실이 되어 생생히 살아 움직였기 때문입니다. 정이 만든 혁신은 차가운 경영 이론과는 거리가 멉니다. 그것은 뜨거운 열정으로 살아 펄떡이는 삶이자 사랑입니다.

광양과 포항에서의 성공 체험은 전 사원이 하나로 뭉치는 토대가 되었고, 이것이 혁신적인 포스코 생산 현장의 '일하는 방식'을 만들어냈습니다. 또한 속도에서 밀리면 죽는다는 각오로 혁신에 매달린 결과 우리는 계획보다 빨리 목표를 달성했습니다. 포스코가 유례없는 경제위기 속에서도 목표를 굳건히 이뤄낸 것은 혁신을 통해 일터와 자기 자신을 바꾸는 데 성공했기 때문입니다. 강한 현장만이 강한 기업을 만든다는 것을 확실히 체험한 셈입니다.

하지만 잘 굴러가던 굴렁쇠도 잠시 머뭇거리면 이내 방향을 잃고 쓰러지고 맙니다. 우리 역시 지금까지 유지해온 혁신의 속도를 갑자기 늦추면 이 자리에서 멈추고 말 것입니다. 우리는 이러한 사실을 잘 알고 있습니다. 그래서 멈추지 않고 달려나갈 생각입니다. 우리 앞에는 이미 또 다른 실행 계획이 놓여 있습니다. '새로운 실행 계획과 비전'은 지금까지 우리를 이끌어온 혁신 정신이고, 또한 앞으로도 우리를 변화시킬 혁신의 원동력입니다.

다시 3년이 흐른 뒤, 우리는 지금보다 훨씬 진화한 혁신 일지를 써내려 갈 것입니다.

2009년 11월
포스코 생산기술부문장 허남석

차례

추천의 글 희망은 여전히 현장입니다 005
프롤로그 속도에서 밀리면 끝이다 011

01 거대한 들불도 손톱만한 불씨에서 시작한다

"포스코의 모든 임원은 홍콩으로 모이시오" 023 | 열정의 혁신, 속도의 혁신 029 | 첫째도 현장, 둘째도 현장, 마지막도 현장이다 035 | 중간관리자를 혁신의 불씨로 만들어라 041 | 후배는 선배의 등을 보고 배운다 047 | 날마다 더 빨리, 보다 새롭게 050 | 만인의 꿈은 현실이 된다 055 | 차가운 빗속의 뜨거운 비전 선포식 058

02 죽어도 하겠다는 확신만 있다면, 실행이다

24시간 깨어있는 조직 065 | 비전은 불가능을 가능으로 바꾼다 070 | 와글와글 토론하면 벽은 무너진다 076 | "목욕탕 대신 찜질방은 갈 수 있습니다" 081 | 마음의 가장 끝까지 소통하라 087 | 한 지붕 두 가족의 갈등 093

03 식스시그마보다 강한 포스코의 현장형 혁신

문제는 보이는 그 즉시 해결한다 101 | 모든 일을 눈에 보이도록 드러내라 107 | 소통을 넘어 신뢰를 낳는 학습동아리 114 | 치열하게 학습하고, 또 학습하라 120 | 나는 자 위에 노는 자가 있다 126 | 연구원의 30%를 현장으로 보내라 130 | 하나의 비전, 하나의 혁신 135 | 업무 몰입도를 극대화한 문서 혁신 138 | 온리 포스코 웨이, 혁신의 삼각형 142

04 강한 현장을 강하게 지켜라

생산성보다 중요한 것이 안전이다 149 | 검증하고 칭찬하고 공유하라 158 | 3분 현장 스피치와 경청의 힘 162 | 리더에게 받는 러브레터 166 | 글로벌 플레이어가 되기 위한 품질 경영 169

05 펄떡이는 물고기의 심장은 뛴다

리더의 진심만이 현장을 바꾼다 175 | "VP 때문에 회사를 못 떠납니다" 179 | 적자 부서가 흑자로 뒤바뀐 사건 185 | 최고급강을 만들어낸 힘의 원천 188 | 함께 하는 QSS, 인생을 배운다 191 | 정성과 시간은 배반하지 않는다 194 | 손자들의 싸이를 드나드는 멋쟁이 할머니 197

06 최고가 되려면 최고에게 배워라

벤치마킹에 성공하기 위한 두 가지 원칙 203 | 개선하기 위해 출근하는 도요타 205 | 강한 현장에서 최고의 제품이 나온다 208 | 살고 싶다면 죽을 결심을 하라 213 | 모든 사람이 지켜야 할 최고의 가치 218 | 세계가 인정하는 일벌레, 일본을 넘어선다 224 | 포스코를 응원하는 열렬한 팬 228

07 혁신에는 마침표가 없다

포스코의 역사는 곧 혁신의 역사 235 | 성공 체험은 더 큰 성공을 부른다 239 | 녹색 제철소의 꿈 243 | 1등은 혼자서 되는 것이 아니다 245 | 오늘 같은 내일은 없다 248

에필로그 신화는 있다 254

chapter 01
거대한 들불도 손톱만한 불씨에서 시작한다

01

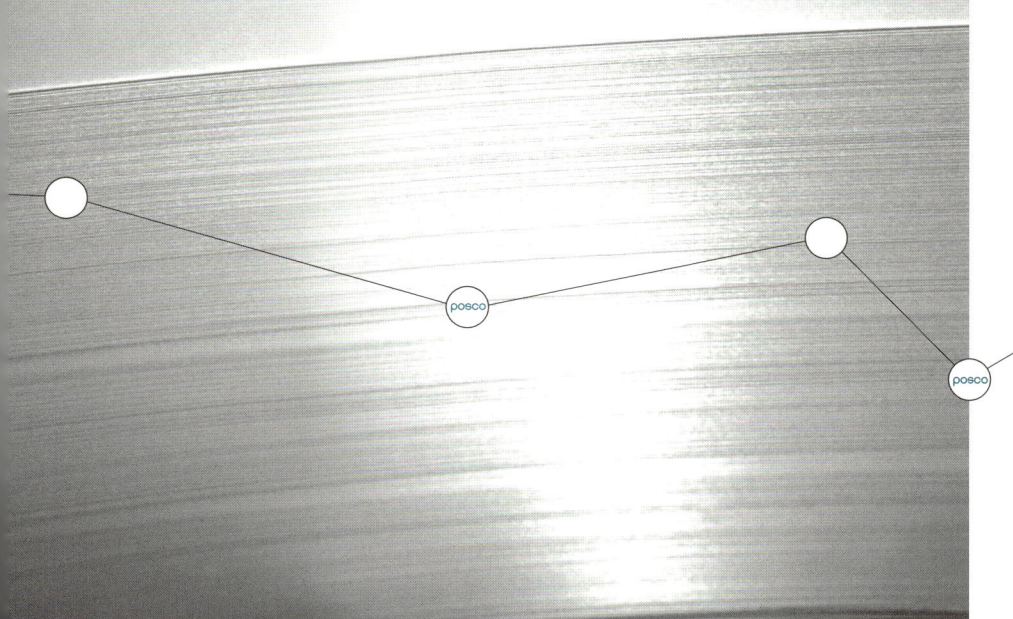

"포스코의 모든 임원은 홍콩으로 모이시오"

    2009년 7월 21일, 장장 5개월간의 수리를 마친 광양제철소 4고로에 새로 불을 넣느라 아침부터 분주한 움직임이 일었다. 제철소의 용광로는 높이가 110여 미터에 달하기 때문에 높다는 뜻으로 '고(高)'를 사용해 고로(高爐)라고 한다. 다른 한편에서는 정준양 회장을 비롯해 정동화 포스코건설 사장, 이상영 포스렉 사장과 허남석 부사장 등의 임원들이 처음 가동을 시작하는 용광로에 첫 불씨를 넣는 행사인 4고로 화입식에 참석하기 위해 부챗살처럼 가득 퍼진 아침 햇살을 받으며 여수행 비행기에 올랐다.

    "작년 말에 불어 닥친 경제위기로 우리 회사도 창업 이래 처음으로 생산량이 감소했는데 때맞춰 4고로가 수리되어 다행입니다. 지금처럼 경기회복 조짐이 보이는 적절한 때에 가동을 재개하게 됐으니 포스코는 정말 운이 좋은 것 같습니다."

정준양 회장의 말에 동승한 임원들의 얼굴 위로 웃음이 번져나갔다.

"그나저나 여전히 유례없는 경제위기가 계속되고 있지 않습니까? 이 위기 속에서 우리나라 최대 규모의 고로로 재탄생 하는 4고로의 역할이 크게 기대됩니다. 우리도 이번 경제위기를 잘 헤쳐 나갈 수 있도록 4고로에서 뜨거운 불길 좀 받고 와야겠습니다."

"뜨거운 불길이라면 혁신의 불길을 말씀하시는 건가요? 우리는 어떤 상황에서도 혁신의 회오리를 피해갈 수 없군요."

"그러기에 혁신에는 마침표가 없다고 하지 않습니까? 언제 우리가 혁신과 따로 떨어져 있던 때가 있었나요?"

혁신의 전도사로 불리는 허남석 부사장의 말에 다들 고개를 끄덕거렸다.

밝은 표정으로 가볍게 한마디씩 툭툭 던졌지만 그 말에는 깊은 뜻이 담겨 있었다. 그리고 그들의 머릿속에는 지난 몇 년간의 일들이 과거가 아닌 현실이 되어 펼쳐지고 있었다. 터무니없는 계획이라는 이야기를 들은 홍콩선언부터 일본의 도요타자동차에 강판을 납품하기까지 진행된 혁신의 일정들이 여전히 가슴 뻐근하게 다가왔던 것이다.

2002년, 민영화를 통해 포항제철이 포스코로 새롭게 태어난 그 해에 짧지만 강렬한 한 통의 메일이 전 세계에 퍼져 있는 임원들에게로 날아갔다.

"포스코의 모든 임원은 홍콩으로 모이시오."

메일을 받자마자 긴장한 모습의 임원진이 속속 홍콩으로 모여들었고, 세계 유수의 경제지들은 포스코가 발표할 새로운 성장 동력이 무엇인지 앞 다퉈 예측하느라 바빴다. 세계 언론은 포스코가 현재를 비우고 적극적으로 미래를 선택할 것인지, 아니면 기존의 모습을 그대로 유지할 것인지 촉각을 곤두세우고 있었다. 마침내 포스코가 날 선 칼날이 바람을 가르듯 세상을 향해 내던진 이른바 '홍콩선언'은 세계 철강업계에 엄청난 파장을 불러일으켰다.

"포스코의 미래는 자동차 강판에 달려 있습니다. 오늘부터 포스코는 범용강을 대량 생산하는 데서 벗어나 세계적인 자동차 강판 회사가 될 것을 천명합니다. 그 첫걸음으로 2007년까지 300만 톤의 자동차용 강판을 판매할 것입니다."

당시 포스코는 일반적으로 널리 사용하는 열연, 후판 등 범용강을 주로 생산했고 고급강에 속하는 자동차 강판은 국내 자동차 회사에 약 100만 톤을 납품하는 것이 고작이었다. 그래서인지 이구택 회장이 '꼭 이루고 말겠다'는 결연한 의지를 내보였음에도 세계 철강업계는 포스코의 홍콩선언에 대해 한마디로 불가능한 일이라고 못박았다. 특히 일본 제철업계는 터무니없는 희망사항이라며 비아냥거렸다.

철강업계에서 최고의 부가가치를 얻을 수 있는 자동차 강판을 만들겠다는 홍콩선언은 생존을 위한 외침이었다. 그 길이 고된 가시밭길임을 알고 있었지만, 포스코는 기술력에서 앞서있는 일본과 저가 공세로 밀고 들어오는 중국 사이에서 살아남기 위해 반드시 그 길을 헤쳐 나가야 했다. 제멋대로 찧어대는 주변의 왈가왈부에 확실하게 쐐기를 박는 방법은 행동으로 보여주는 것밖에 없다. 조롱을 하든 비난을 하든 그것은 그들의 판단일 뿐이니 만들어내면 될 것 아닌가.

포스코는 즉시 행동에 들어갔다. 고급 기술을 알려줄 리 없는 신일본제철(NSC)을 보이지 않는 교과서로 삼아 전 사원이 밤낮으로 기술 개발에 매달렸다. 하지만 세계적인 자동차 회사들이 탐낼 만한 고급 자동차 강판을 하루아침에 뚝딱 만들어낼 수는 없는 노릇이었다. 일이 마음처럼 진행되지 않으면서 좌절감이 태산처럼 밀려왔다. 오기에 오기를 더하며 죽을 힘을 다해 뛰어도 마냥 제자리걸음을 하는 것 같아 불안감에 사로잡히기도 했다. 게다가 세계 철강업계의 구조 변화에 따른 외부 환경의 위협은 상상보다 격렬했다.

1999년까지 포스코의 조강 능력은 세계 최고 수준이었다. 그런데 2003년 신일본제철의 뒤를 잇는 JFE스틸이 건설되고, 2006년에는 미탈스틸(Mittal Steel)과 아르셀로(Arcelor)가 합병해 연간 1억 2,000만 톤을 생산하게 되면서 하루아침에 세계 제일의 자리를 내줘야만 했다. 그뿐 아니라 중국에서 상해보강을 비롯해 무려 10여 개의 철강회사가 한꺼번에 건설되면서 포스코의 미래를 위협하기 시작했다. 특히 미탈과 아르셀로의 합병은 철강업계의 대형화, 세계화 바람이 본격화되었음을 알리는 신호탄이었다.

세계 철강업계의 극심한 생존 경쟁은 염려하던 것보다 훨씬 더 빠르게 진행되었다. 무엇보다 신흥시장으로 급속히 떠오른 중국과 인도를 향한 주도권 쟁탈전이 치열해지면서 기술력과 원료 구매력, 마케팅력에서 누가 먼저 절대 우위를 선점하느냐에 관심이 집중되었다. 이 소리 없는 싸움터에서 승리하는 길은 단 하나, 무슨 수를 써서라도 조강 능력을 키우고 범용강 위주의 저가 철강 생산에서 벗어나 고급강을 생산하는 기술을 개발해야만 했다. 결국 홍콩선언은 이러한 위기감을 고스란히 담아낸 의지의 표명인 셈이었다. 아니, 세계 철강업계를 둘러싼 생존 경쟁에서 승리를 쟁취하기 위한 최후의 보루였다.

서울을 떠난 지 채 한 시간도 되지 않아 비행기는 자세를 낮추며 착륙 준비를 했다. 창 밖으로 넓게 펼쳐진 광양만에는 잔잔한 바다 사이로 크고 작은 섬들이 한 폭의 그림처럼 떠 있었다. 고향의 들녘만큼이나 친근하게 다가서는 그 모습을 보면서 그들은 뜨끈한 무언가가 가슴 밑바닥에서 올라오는 듯한 느낌에 사로잡혔다. 젊음의 열정을 고스란히 그곳에 바쳤는데 어찌 무덤덤할 수 있겠는가.

비행기가 활주로를 향해 몸을 틀자 456만 평에 달하는 드넓은 제철소가 한눈에 들어왔다. 일직선으로 길게 뻗은 부두에는 석탄과 철광석이 산더미를 이뤘고 장난감처럼 늘어선 배가 원자재를 실어오고 제철소에서 뽑아낸 미끈한 철판을 수출하기 위해 대기하고 있었다. 언제 봐도 뿌듯하고 그저 바라보기만 해도 좋은 모습이다. 정준양 회장과 임원들은 비행기의 몸체가 움직이는 대로 일제히 고개를 돌려가며 제철소의 모습을 뒤쫓았다. 포스코에 입사한 이래 수십 년간 포항과 광양을 오가며 보아온 익숙한 모습이지만 볼 때마다 처음인 것처럼 가슴이 벅차오른다.

광양제철소 4고로의 내부 용적은 5,500m³로 중국의 사강제철소(5,800m³), 일본의 오이타(5,775m³), 러시아의 세베스탈(5,580m³), 일본의 기미츠(5,555m³), 독일의 슈벨게른(5,513m³)에 이어 세계에서 여섯 번째로 크다. 하지만 연간 쇳물 생산 규모는 광양 4고로가 세계 으뜸이다. 4고로에서 한해에 생산하는 500만 톤의 쇳물만으로도 우리나라 자동차 산업에 소요되는 철강재 수요를 맞출 수 있을 정도이니, 그야말로 엄청난 생산력을 갖추고 있는 것이다.

지금까지 회사가 걸어온 모습 그대로 이들은 활기차게 화입식 장소로 이동했다. 이윽고 정 회장을 비롯한 임원들이 자전거에 올라타 쉼 없이 페달을 밟자 작은 축전기에 전기가 모이기 시작했다. 그 전기는 조뇌하 광양제철소장과 한기원 제선부장이 들고 있던 심지에 불씨를 심어주었고 곧이어 맑은 불빛이 일렁거렸다. 정준양 회장과 이성웅 광양시장이 앞장서서 4고로에 불을 넣는 모습을 보며 그곳에 있던 모든 사람의 마음도 하나가 되어 불타올랐다. 이제 24시간만 지나면 4고로에서 검붉은 쇳물이 콸콸 쏟아져 나올 것이다.

열정의 혁신, 속도의 혁신

포항과 광양, 두 곳에 건설된 거대한 제철소는 포스코를 살아 숨쉬게 하는 심장이다. 포항제철소는 스테인리스, 전기 강판(전기 기계나 전기기구 소재로 쓰는 규소 강판), 선재(단면이 원형인 강재로 강삭, 철망, 철사 따위를 만드는 데 쓰인다), 후판(두꺼운 널빤지나 철판)을 비롯해 각종 특수강을 생산한다. 그리고 광양제철소는 두루마리 형태의 열연코일과 냉연코일만 대량으로 생산하는 박판(얇은 철판) 전문 제철소다.

그런데 단일품목을 대량으로 생산하는 전문 제철소는 생산성을 높이는 데는 효과가 크지만 생산품이 단조로워 위기에 몹시 취약하다. 광양제철소가 이를 극복하려면 누가 봐도 욕심을 낼 만한 고급강을 개발하는 방법밖에 없었다. 홍콩선언을 실현하는 것은 물론 생존을 담보하기 위해서라도 품질 좋은 자동차 강판을 만드는 데 전력 질주해야만 했다.

2005년, 당시 정준양 광양제철소장은 식스시그마(Six sigma, 총체적 품질 경영 기법)를 통해 사원들을 무장시키며 혁신의 바람을 일으켰다. 사원들은 밤낮없이 새로운 지식을 흡수하는 동시에 그것을 낱낱이 현장에 적용했다. 혁신과 함께 숨을 쉬고 혁신과 더불어 밥을 먹고 잠을 잤던 것이다. 현장의 어느 것 하나도 혁신의 대상이 아닌 것이 없었다. 이에 따라 어제의 신기술이 오늘은 낡은 기술로 전락할 만큼 모든 공장이 혁신의 수레바퀴에 맞물려 숨 가쁘게 돌아갔다.

그러한 노력의 결과로 광양제철소는 2005년에 창립 이래 사상 최대의 실적을 올렸다. 모두가 불가능하다고 손사래를 치던 홍콩선언의 목표를 2년이나 앞당기면서 강판 생산량을 무려 430만 톤으로 끌어올리고 강판의 품질도 한층 개선했던 것이다. 매스컴들은 '포스코의 기적'이라는 특집 기사를 내보내기 시작했다.

하지만 세상 사람들이 화려한 샴페인을 터트리던 그 이듬해, 광양제철소로 새로 부임한 허남석 소장의 표정은 무겁게 가라앉아 있었다. 오늘의 작은 성공에 취해 비틀거리면 내일은 없다는 것을 잘 알고 있었기 때문이다. 사상 최대의 실적이라는 열매는 잊고 다시 앞으로 나아가야만 했다. 불투명한 미래 경제 환경 속에서 내일을 보장받으려면 전임 소장이 이룩한 기술력과 생산력을 바탕으로 보다 높은 성과를 이끌어내는 것이 급선무였다. 책임감의 무게가 그의 어깨를 강하게 짓눌렀다.

취임인사를 하고 제철소를 돌아본 허 소장은 세상을 다 쥔 듯한 사원들의 만족스런 표정 속에서 말할 수 없이 답답한 절망감을 느꼈다. 아직은 만족감에 젖을 때가 아닌데 모두들 오늘의 승리에 도취해 내일의 결승 경기를 잊은 것처럼 보였기 때문이다. 내일의 결승전에서 이기지 못한다면 오늘의 승리가 무슨 소용이란 말인가. 아직은 지난 해의 순이익이 얼마인지 따져가며 흥분해 있을 때가 아니었다.

박판 중에서 가장 부가가치가 높은 상품은 자동차 강판이다. 자연히 박판 전문 제철소인 광양제철소의 미래는 얼마나 품질 좋은 자동차 강판을 만드느냐에 달려 있었다. 세계 최고의 자동차 강판 전문 제철소로 거듭나지 않으면 미래의 밥상에 끼어들 엄두조차 내지 못할 일이었다. 그것이 과연 가능할까?

해법은 하나밖에 없었다. 포항 바닷가에 제철소를 세우던 날부터 포스코가 걸어온 길은 한결같이 불가능한 일을 가능케 하는 혁신뿐이었다. 세계 최고의 자동차 강판 전문 제철소가 되어야 생존할 수 있다면 꼭 그렇게 되도록 만들어야 한다.

'좋아, 내가 이곳에 있는 한 강판 생산량을 650만 톤으로 늘리고 세계 최고의 품질만 고집하는 일본 본토의 도요타자동차에 우리 강판을 공급하고 말겠다.'

길은 정해졌다. 그렇다면 어떻게 기술력을 높이고 생산량을 늘릴 것인가? 그것도 남들이 입을 떡 벌릴 정도로 최단 시간에 그것을 이뤄낼 묘안은 무엇인가? 철강 기술이 태양보다 더 눈부실 정도로 진보한 상황에서 신일본제철을 비롯해 포스코를 앞서가는 철강업계의 빠른 기술 변화를 어떻게 뛰어넘을 것인가?

허 소장은 머리를 감싸쥐고 곰곰이 생각에 잠겼다. 살 길은 그들보다 빨리 신기술을 개발하는 데 있었다. 속도…… 속도가 관건이다. 아무리 세계 최고의 기술을 개발하고 그것으로 보석처럼 빛나는 강판을 만들지라도 시간이 오래 걸리면 아무 소용이 없었다.

광양제철소를 떠나 포항에서 일하던 3년간 그는 이미 세계 제철 산업의 불꽃 튀는 경쟁을 신물 나게 경험한 터였다. 그저 쇳물만 많이 만들어내면 되던 시대는 이제 박물관 속으로 사라져버렸다. 제철소의 미래를 위해 무언가 새롭게 시작하지 않으면 존재 가치마저 폐기된다는 위기감에 그의 가슴은 타들어갔다.

중국 연안에 건설 중인 10여 개의 제철소는 2012년에 완공될 예정이다. 그러면 중국은 조만간 값싼 철판을 무더기로 공급하며 저가 시장을 잠식할 테고, 이미 세계 최고의 기술을 자랑하는 일본 제철은 더욱 가볍고 강하며 아름다운 자동차 강판을 개발해 고급차 시장을 굳건히 지켜낼 것이다. 그렇다면 우리는 과연 어떤 강점을 들이대야 이들보다 앞서나갈 수 있을까? 방법은 하나다. 보다 빠른 시간에 세계 최고급 강판을 만들어내야 한다. 대체 무슨 수로 속도를 잡는단 말인가? 분, 초를 다투는 속도와의 험난한 싸움은 이미 시작되었다.

부임 이튿날 아침, 허 소장은 혁신지원그룹을 불러들였다. 문제를 풀려면 실체부터 알아야 하는 것이 급선무이기에 현장 사원들의 수준을 정확히 평가하고자 했던 것이다.

"식스시그마를 시작한 지 4년째고 광양제철소는 전 사원의 50퍼센트가 벨트를 보유했습니다. BB는 120명, MBB가 15명입니다."

벨트란 식스시그마를 실행하는 조직 내에서 특별한 교육을 받은 뒤에야 얻을 수 있는 자격증 같은 것으로 태권도의 띠와 같은 개념이다. 이것은 빌 스미스(Bill Smith)가 모토로라에서 처음 시작한 혁신 툴로써 GE를 거쳐 전 세계적으로 그 효과를 인정받았다.

식스시그마 벨트는 GB(Green Belt)로부터 시작하며 BB(Black Belt)는 GB의 교육을 담당하는 실질적인 리더를 말한다. 그리고 MBB(Master Black Belt)는 BB 중에서 뽑힌 리더로 여러 팀을 컨설팅하며 챔피언을 보좌하는 역할을 맡는다. 부장들로 구성된 챔피언은 MBB의 도움을 받아 식스시그마의 비전과 전략을 세우고 각 팀의 프로젝트를 평가한다.

'4년이라…… 사원들이 4년간 식스시그마에 단련되었다면 현장을 이끌어가는 힘은 구축된 것 아닌가.'

여기서 힘을 얻은 허 소장은 최고의 교육을 받은 현장 리더들이 앞장서서 이끌어가면 남들이 예상치 못한 최고의 속도를 낼 수 있을 것이라는 확신이 들었다.

"그만하면 혁신을 위한 인프라는 충분한 셈이군요."

"혁신을 위한 인프라라고요?"

"식스시그마로 얻은 지식과 경험으로 뭉친 사원들이 곧 혁신의 인프라입니다. 이제는 그들과 함께 실질적인 현장 혁신을 시작할 계획이니 혁신지원그룹은 저를 적극 도와주십시오."

허 소장의 말에 혁신지원그룹은 웬 생뚱맞은 제안이냐는 듯 두 눈을 둥그렇게 떴다.

"아니, 혁신은 지금까지 계속 해오지 않았습니까? 이미 4년째나 식스시그마를 해온 터라 사원들이 몹시 지친 상태인데 또 무슨 혁신을 한다는 말입니까?"

"그렇다면 지금까지 해온 것을 다시 혁신하면 되겠네요. 제가 하고자 하는 혁신은 툴이 아니라 마인드입니다. 사원들의 마인드를 열어 숨겨진 열정을 이끌어내고 기술 개발의 속도를 배가하는 것이 제가 기대하는 혁신입니다. 사원들의 마음을 무장해제할 방법을 찾아보세요. 이제, 혁신지원그룹은 광양제철소가 실행에 옮길 혁신 시나리오를 만들어주시기 바랍니다. 다시 한 번 말하지만 우리의 혁신은 마음과 마음이 통하는 열정의 혁신, 속도의 혁신입니다."

첫째도 현장, 둘째도 현장, 마지막도 현장이다

••• 현장이 바뀌지 않는 한 제품은 바뀌지 않는다. 누구도 예상치 못한 시간 내에 최고급 강판을 생산하려면 먼저 현장을 혁신해야만 했다. 이러한 의식을 바탕으로 광양제철소가 혁신의 핵심으로 삼은 것이 '현장 혁신'이었다.

현장을 바꾸려면 먼저 사원들의 마음을 열어 열정을 끄집어내고, 그 열정이 추진력을 점화하도록 해야 한다. 이때 가장 좋은 방법은 현장을 직접 찾아가 사원들의 생생한 목소리를 듣는 것, 다시 말해 현장 멘토링이다. 단일제철소로 세계 최대 규모답게 광양제철소 안에는 수많은 공장이 있기 때문에 차 없이는 공장을 제대로 돌아보기도 힘들다. 마치 거대한 도시처럼 지름이 1미터가 넘는 대형 파이프들이 공장과 공장을 잇고 그 밑으로 제철소만의 도로와 철도가 거미줄처럼 연결되어 있기 때문이다.

 쇳물을 뽑아내는 거대한 규모의 제철소를 단시간에 하나의 비전으로 뭉치게 할 방법이 없을까? 여러 날을 고민하던 허 소장은 제철소를 하나의 비전 아래 뭉치도록 하기 위한 첫걸음으로 현장 멘토링을 시작했다. 사실 축구장만 한 공장 하나하나를 일일이 찾아 다니며 설비를 살피고 사원들을 만나는 것은 상당한 시간과 노력이 요구되는 일이다. 그렇지만 현장 멘토링은 현장과 멀어질 수밖에 없는 리더의 한계를 메워줄 수 있는 최선의 처방이었다. 사원들의 마음을 열어 열정을 끄집어내고 그 열정으로 변화 노력에 속도를 가하려면 현장에서 그들과 직접 부딪치는 수밖에 없었다.

 오전 10시, 허 소장은 안전모를 눌러쓰고 작업화의 끈을 단단히 묶은 다음 현장을 찾아나섰다. 그때부터 부득이하게 외부 출장이 있는 날을 제외하고는 하루도 빠짐없이 오전 10시부터 12시까지 현장 멘토링을 실시했다.

 제철소 내의 한 공장 안에 들어서자 아직 이른 봄인데도 벌써 30도가 넘는 뜨거운 열기로 후끈거렸다. 허 소장은 인기척을 내지 않고 말없이 사원들이 작업하는 모습을 지켜보았다. 일에 열중하느라 미처 소장이 들어온 것을 보지 못한 한 사원이 그를 발견하고는 흠칫 놀라 얼른 고개 숙여 인사를 건넸다. 허 소장은 괜찮다며 손사래를 치고는 작업대 가까이 다가섰다.

 "저는 상관하지 말고 일하세요. 날이 좀 풀리니까 열기 때문에 힘들죠?"

그는 머뭇거리는 사원들의 어깨를 당겨 안았고 그들의 기름 묻은 손을 단단히 부여잡았다. 공장 안의 후끈한 열기보다 더한 뜨거움이 그들의 손과 가슴에서 묻어났다.

"여러분 덕분에 우리 제철소가 있는 것입니다. 현장이 우리 제철소의 심장이에요. 저는 제철소의 심장이 펄떡이는 소리를 듣고 싶어 이곳에 온 겁니다."

허 소장은 사원들을 향해 엄지손가락을 치켜들었다.

"저는 현장을 좋아합니다. 현장에 오면 살아 있는 것 같아요. 제가 제철소를 맡고 있는 동안에는 늘 여러분을 찾아오겠습니다. 가슴 답답한 일은 물론 자랑하고 싶은 일, 알아주었으면 하는 일 등 무엇이든 말씀하세요. 저는 여러분이 일하는 걸 감독하러 오는 게 아니라 살아가는 이야기를 듣고 싶어서 오는 겁니다. 그러니 편하게 대해주세요."

허 소장의 빠른 목소리는 윙윙거리는 공장의 소음과 맞물려 잘 들리지 않았지만 사원들은 정성을 다해 이야기하는 그의 모습에서 진솔함을 느꼈다. 현장에서 몸을 부딪쳐가며 일하는 사람들만이 느낄 수 있는 현장의 언어가 그의 말 속에 녹아 있었기 때문이다. 현장에서 마땅치 않은 모습이 더러 눈에 띄기도 했지만 아무런 지적도 하지 않았다. 어떤 결점이 보여도 모른 척했다. 하지만 현장에서 이미 수십 년간 단련된 현장 근무자들은 그의 표정만으로도 뭐가 잘못됐는지 읽어냈고, 다음번 멘토링 전에 어김없이 잘못된 부분을 바로잡아 놓았다.

허 소장은 그것을 절대 놓치지 않고 칭찬했다. 수십 년간 같은 일을 해온 베테랑 기술자도 제철소장의 칭찬은 기분을 들뜨게 하는 신나는 경험이다. 칭찬을 들은 현장 근무자는 다음번에도 또 칭찬을 듣기 위해 열정을 다했고, 칭찬을 받지 못한 근무자는 칭찬받을 만한 일을 찾아 골몰하게 되었다. 이렇게 해서 허 소장과 현장 근무자들 사이에는 말이 없어도 통하는 신뢰가 쌓여갔다.

허 소장으로부터 시작된 현장 멘토링은 시간이 흐르면서 자연스럽게 리더들에게로 퍼져나갔다. 리더들은 마치 허 소장의 분신인 양 작업화의 끈을 단단히 묶고 현장을 샅샅이 돌아보기 시작했다. 그들 역시 현장의 잘못을 지적하기에 앞서 사원들의 등을 따뜻하게 두드려주었고, 종종 사원들과 어깨동무를 하며 격의 없이 웃는 모습이 눈에 띄기도 했다.

현장을 자주 찾는 리더들의 주머니에는 칭찬받는 사원들에게 선물할 도서상품권이 들어 있었다. 작은 정성이나마 변화와 개선을 위해 애쓰는 사원들을 위해 마음의 표시를 하고 싶었기 때문이다. 어쩌다 상품권이 동나는 날에는 아낌없이 자기 지갑을 열었다. 마음 깊이 고마움이 우러날 때는 그냥 뭐든 퍼주고 싶은 것이 인지상정이다.

리더들이 사소한 이야기에도 귀를 기울이자 사원들은 마음을 열고 둘째아이를 낳았다거나 큰딸이 서울에 있는 대학으로 진학했다는 이야기, 시골에 따로 계신 어머니가 아프시다는 이야기까지 털어놓았다. 이렇게 리더들이 현장 사원들과 가까워지면서 자연히 사원들의 기쁜 일과 슬픈 일에도 동참하게 되었고 이들 사이에는 전에 없이 친밀한 관계가 형성되어 갔다.

현장을 바꾸는 일은 현장을 사랑하는 리더만이 해낼 수 있다. 현장을 소외시키는 리더는 결국 현장의 소외를 받게 마련이다. 현장 없는 생산이 어디 있고 현장 없는 혁신이 어디 있는가. 리더를 기다리는 현장 사원들의 마음속에는 '그래, 한 번 잘해보자'는 의지가 확고해졌고 더불어 현장 리더십은 광양제철소를 열정의 현장으로 변모시켰다.

리더들이 어찌나 잰 걸음으로 현장을 누비고 다녔던지 그들의 작업화는 뒤축이 얼마 붙어 있지 못했다. 아무리 새것으로 갈아 신어도 마찬가지였다. 매일 아침 10시부터 12시까지 현장을 찾아가는 현장 멘토링 외에도 수시로 현장을 드나드느라 작업화를 벗을 시간이 거의 없었기 때문이다. 하지만 현장 멘토링을 위해 작업화의 끈을 잡아매는 리더들의 표정은 날이 갈수록 밝아졌다. 현장에 가는 일이 즐겁고 기대가 되어 슬며시 웃음이 배어나올 정도였다.

물론 리더들이 현장에 간다고 해서 그들이 직접 설비를 돌리고 문제가 생긴 곳을 정비할 수 있는 것은 아니다. 그러나 리더들이 현장에 함께 있다는 것, 현장을 사랑하고 아낀다는 것을 보여주는 것은 사원들에게 더할 나위 없는 격려가 된다.

"공장장님이 직접 챙겨주시고 칭찬해주시니 더 열심히 해야겠다는 생각이 들지요."

"부장님이 현장에 자주 찾아오시기 시작하면서 일하는 자세가 달라졌어요. 전에는 정해진 근무시간만 일하면 된다고 생각했는데 지금은 잘해보려고 최선을 다하게 됩니다. 일하는 보람을 맛보게 되었거든요."

현장은 밥과 같은 존재다. 그 중요성을 아무리 강조해도 지나치지 않기 때문이다. 그리고 현장을 소중하게 생각하는 사람만이 현장을 변화시킬 수 있다. 현장을 단순히 작업라인 정도로만 생각하는 사람은 현장 사원들로부터 신뢰를 얻지 못한다.

현장은 사람들이 실제로 살아 움직이는 곳이다. 살아 있는 것은 끊임없이 변화하기 때문에 현장에서 발생한 문제는 백이면 백 모두 다르다. 따라서 사무실이나 연구실에만 앉아 있으면 현장을 도저히 이해하지 못한다.

광양제철소의 곳곳을 누비는 리더들의 누런 작업화는 '현장은 연구실의 책상과 다르다'는 사실을 잘 보여주고 있다. 실제로 현장 멘토링이 활발해지면서 연구실에서만 만들어진 연구, 사무실에서 입으로만 하는 말, 손으로 직접 만져보지 않고 눈으로만 보는 점검은 자연스럽게 자취를 감추었다. 그와 동시에 서서히 현장의 변화가 눈에 띄기 시작했다. 현장이 변하기 시작한 것이다.

중간관리자를 혁신의 불씨로 만들어라

∴
　사원들은 그때까지도 일본 본토의 도요타자동차에 납품할 자동차 강판을 만든다는 것이 얼마나 어려운 일인지 몰랐다. 그저 '30년간 적자를 한 번도 낸 적 없는 우리가 하는 일인데 당연히 잘되겠지', '지금까지 혁신을 해왔는데 도요타에 입성하는 일이 뭐가 어려워' 하고 안이하게 생각하고 있었다. 이런 상황이었던 터라 그들에게는 제철소장과 리더들이 느끼는 다급함이나 절실함이 없었다. 사원들이 혁신에 속도를 내야 하는 이유를 깨닫도록 하려면 어떻게 해야 할까?

　제철소를 혁신의 뜨거운 불길로 타오르게 만들 불씨가 절실히 필요했다. 막연히 지금까지 잘해왔으니 앞으로도 잘되겠지 하는 믿음을 갖고 있는 사원들을 변화시킬 혁신의 불씨 말이다. 과연 누가 혁신의 불씨가 되어줄 것인가? 누가 혁신의 불꽃을 피워줄 것인가? 식스시그마의 BB와 MBB들의 얼굴이 하나씩 슬라이드처럼 스쳐 지나갔다.

"다음주 월요일부터 아침 7시에 백운프라자에서 조찬모임을 엽니다. 각 부서의 부장, 공장장을 중심으로 한 달에 한 번씩 참석할 수 있도록 조절해서 순서를 정하세요. 개선리더들과는 별도로 간담회를 하지 않고 점심시간을 이용합니다. 이 스케줄은 제가 이곳에 있는 동안은 변함이 없을 겁니다."

순간 혁신지원그룹의 표정에 당황하는 기색이 역력했다. 분위기로 봐서 거창한 경영 이론으로 무장한 대형 마스터플랜이라도 발표할 줄 알았는데 기껏 조찬모임이라니! 그들은 공연히 맥이 탁 풀리고 말았다. 아직 이렇다할 대책을 세운 것도 아닌데 이른 아침부터 사람들을 불러 모아 무슨 회의를 한다는 걸까? 혁신지원그룹은 부서별, 직책별로 모임 순서를 정하고 공지를 띄우면서도 혁신에 대해 뚜렷한 확신이 없었다. 개중에는 그 귀찮은 일을 얼마나 오래할 거라고 이런 일을 시키는지 모르겠다며 못마땅해 하는 사원들도 있었다.

의혹과 불안감 속에서 마침내 첫 번째 조찬모임이 열렸다. 푸르스름한 안개가 채 걷히기도 전에 파란 근무복 차림의 부장, 공장장들이 백운프라자로 들어서자 식당 안에는 이미 신임 소장이 나와 있었다. 그의 두 눈은 웃음을 머금고 있었지만 눈빛만큼은 새벽별처럼 형형히 빛나고 있었다. 리더들은 허 소장의 찌르는 듯한

눈빛을 보는 순간 온몸이 저려오면서 긴장감이 느껴졌다.

"아침 일찍 나오라고 해서 죄송합니다. 잠이 모자라진 않은지요?"

조찬모임은 웃음 섞인 인사로 느긋하게 시작되었지만 시간이 갈수록 긴박감이 묻어났다. 곰탕 한 그릇을 먹는 동안 허 소장이 그곳에 모인 모든 사람을 향해 혁신의 필요성을 역설했기 때문이다.

"지난해에 우리 회사는 창사 이래 최고의 실적을 냈습니다. 하지만 그건 이미 지난 일입니다. 앞으로 우리에게 닥칠 미래는 그다지 호의적이지 않습니다. 지금 눈에 보이지 않을 뿐이지 우리를 기다리는 상황은 상당히 위태롭습니다. 중국은 무서운 기세로 우리를 따라오고 있고 일본은 고급 기술을 바탕으로 점점 더 앞으로 내달리고 있습니다. 이미 우리는 최신 설비와 값싼 노동력을 갖춘 중국에게 우리의 범용제품 시장을 빼앗기고 있는 실정입니다. 물론 식스시그마를 통해 원가절감을 이뤄냈지만 그들과 가격 경쟁을 벌이는 데는 여전히 어려움이 많습니다.

우리는 저가 시장에서 중국과 경쟁하는 동시에 일본과 어깨를 겨루며 고급 시장으로 밀고 들어가야 합니다. 일본 본토의 도요타 자동차에 납품할 수 있을 정도의 최고급 자동차 강판을 만들어내는 일에 우리의 미래가 달려 있습니다. 물론 여러분은 지금까지 홍콩선언을 이루기 위해 전임 소장님과 함께 불철주야 노력해왔습니다. 덕분에 우리 제철소는 놀랄 만한 성장을 이뤘습니다.

그러나 그게 끝이 아니라는 것은 여러분도 잘 아실 겁니다. 자동차 강판은 그 자동차의 생산을 포기하지 않는 한 중간에 멋대로 다른 제품으로 바꾸지 못합니다. 그만큼 시장이 안정적이지요. 자동차 강판은 개발이 어렵고 인증을 받는 것도 쉽지 않지만 일단 그 고비만 넘기면 고급차 시장을 안정적으로 확보할 수 있습니다. 이러한 장점을 최대한 활용하려면 일본의 기술력을 따라잡아야 합니다. 그게 불가능한 일일까요?

 우리에게는 지난 4년간 식스시그마로 단련된 최고급 엔지니어와 숙련된 기술자들이 있습니다. 또한 우리는 오랫동안 PI(Process Innovation)를 실행한 덕분에 고도로 전산화된 시스템을 갖추고 있습니다. 이 정도면 기술력을 끌어올릴 만한 인프라는 충분하다고 봅니다. 문제는 시간에 있습니다. 기술 개발에 드는 시간을 얼마나 단축시킬 수 있느냐에 우리의 살길이 있습니다. 그러므로 회사 전체가 시간을 최대한 단축시키는 일에 몰입해야 합니다."

 반쯤 먹다 남은 곰탕은 이미 싸늘하게 식어버린 지 오래였지만 아무도 숟가락을 들지 못했다. 숨 가쁘게 쏟아놓는 허 소장의 말에 전염이라도 된 듯 리더들의 심각한 얼굴 위로 붉은 열기가 오르고 있었다.

 "시간을 단축시키는 방법은 오직 하나, 혁신을 가속화하는 것뿐입니다. 지금까지 해온 혁신을 더욱 강하게, 그리고 보다 합리적으로 강화해야 합니다. 전 사원이 참여해 지속적으로 실행하는 혁신으로 3년 안에 우리의 강판을 일본 본토의 도요타자동차에 입성시켜야 합니다."

 조찬모임이 끝나고 각자의 부서로 돌아가기 위해 자동차에 오르는 부서장들의 어깨가 한없이 무거워 보였다. 대체 무슨 재주로 3년 안에 도요타의 막강한 아성을 뚫겠다는 것인가. 일본 본토의 도요타는 해외에 있는 도요타와는 근본적으로 다르다. 그곳은 그야말로 세계 최고의 기술력으로 만든 최고급 강판만 들어갈 수 있다. 200년이 넘는 일본의 제철 기술을 40여 년에 불과한 우리의 기술로 어떻게 따라잡겠다는 얘기인가. 더구나 한국과 일본 사이의 민족적인 감정까지 헤아린다면 일본 도요타에 최고급 강판을 넣는 것은 상상하기조차 힘든 일이다.

조찬모임을 끝내고 돌아온 리더들 사이에 불평이 쏟아져 나왔다. 헛된 꿈에 불과한 목표를 내걸고 무조건 혁신을 가속화하라니 가당키나 한 일인가? 언제는 혁신을 쉬엄쉬엄 한 적이 있던가? 더 이상 무슨 재주로 속도를 내란 말인가?

실제로 1999년의 PI를 시작으로 지금까지 단 한 순간도 혁신을 쉰 적이 없다. PI 프로젝트를 한다고 몇 년을 고생하고, 이어 식스 시그마를 한다고 그 어려운 통계와 싸운 게 몇 년인데 지금보다 더 빠른 혁신을 하라니 말이 되는가? 사원들이 느끼는 혁신의 피로도는 눈곱만큼도 생각하지 않는 것인가? 그렇지 않아도 생산성을 비롯한 주요 지표가 해마다 신기록을 세우고 있는 중인데 더 이상 어떻게 하라는 것인가?

리더들의 마음속으로 온갖 불만과 걱정들이 빠르게 오갔다. 하지만 그 정도의 반발은 이미 예상하고 있던 터였다. 허 소장은 리더들의 불평불만을 못 들은 체하고 조찬모임을 계속 이어갔다. 매일 아침, 혁신에 잔뜩 불만을 품고 있는 리더들을 향해 혁신을 외치고 또 외쳤던 것이다. 리더가 먼저 바뀌지 않으면 혁신은 성공할 수 없다는 믿음 때문이었다.

후배는 선배의 등을 보고 배운다

∙∙∙
 "앞에 가는 상사의 등을 보고 배우는 곳이 현장입니다. 사원들은 자신의 직속상사인 여러분의 등을 보고 배웁니다. 그러니 여러분이 생각을 바꾸고 솔선수범하지 않는다면 누가 여러분을 따르겠습니까? 소장인 저부터 바꾸겠습니다. 나날이 변화하는 저를 보고 여러분도 바꾸십시오. 그래서 어제와 다른 현장, 날마다 개선하는 강한 현장을 만들어봅시다."

 허 소장은 혁신의 필요성을 널리 알리기 위해 자신의 내부에서 거르고 거른 이야기를 술술 풀어냈다. 처음에 리더들은 낯설고 거북스런 이야기에 반발하기도 했지만 조찬모임이 거듭될수록 열정에 빠져들었다. 허 소장이 마음을 열고 진심으로 호소한다는 것을 알게 되면서 그들도 마음을 열고 그의 고민을 받아들였던 것이다.

리더십이란 자신이 성취하고자 하는 일을 다른 사람이 자발적으로 하도록 만드는 기술이라고 한다. 조찬모임이 거듭되면서 혁신의 열정은 바이러스처럼 번져나갔고 허 소장의 고민과 비전을 공유하는 사람이 빠르게 늘어나면서 모두가 혁신의 불씨가 되어갔다. 작은 불씨 한 점이 큰 불을 일으키는 법이다. 제철소 곳곳에 흩뿌려진 불씨는 제철소를 혁신의 뜨거운 불길로 달구기 시작했다. 허 소장의 뒤를 이어 그의 열정을 이어받은 리더들이 서로에게 혁신의 의지를 심어주는 것은 물론, 혁신을 위해 어떻게 변화해야 하는지 설명하기 시작했던 것이다.

그렇게 불을 지핀 허 소장은 현장의 이야기를 귀 기울여 들었고, 조금이라도 가치 있는 제안은 곧바로 실행할 수 있도록 지원을 아끼지 않았다. 하지만 아무리 마음이 급해도 검증되지 않은 혁신 모델을 성급하게 확산시키지는 않았다. 대신 모델을 제안한 부서가 스스로 성공사례를 만들어가는 과정을 지켜보며 사원들 스스로 그 장단점을 현장에 알맞게 다듬어가도록 격려했다. 그러다가 마침내 그것이 최적의 혁신 모델이라는 확신이 서면 재빨리 받아들여 전 사원에게 전파했다.

그러나 그때까지도 이런 부분적인 혁신은 어디까지나 '그들만의 리그'에 불과했다. 제철소를 움직이는 수천 명의 사원, 그들과 협력하는 외주파트너사의 사원들은 여전히 혁신으로부터 멀리 떨어져 있었다. 최고급 자동차 강판을 만드는 일은 석탄을 가공해 단단한 덩어리로 만든 코크스(Cokes, 해탄)를 용광로에 넣는 일부터 강판에 미려하게 도금 작업을 하는 일까지 모든 공정에 한 치의 실수도 용납되지 않는다. 이는 곧 광양제철소의 전 사원은 물론 외주파트너사의 전 사원이 함께하지 않으면 최고급 강판을 만드는 데 성공할 수 없다는 것을 의미한다.

1만 5,000명이나 되는 사원과 외주파트너사 사원들의 마음을 하나로 묶으려면 어떻게 해야 할까? 그들 모두를 혁신의 열정으로 불붙게 하지 못하면 최고급 자동차 강판을 만들기 위한 혁신은 성공하기 어려웠다.

매일 아침, 조찬모임을 여는 백운프라자의 유리창 밖으로는 푸른 잔디밭과 키 큰 소나무가 한눈에 내다보였다. 개나리가 피었다 지고 벚꽃이 흐드러지게 흩날리더니 어느새 붉은 철쭉이 만발했지만 누구 하나 꽃을 눈여겨보는 사람이 없었다. 혁신의 열정으로 가득한 그들의 마음에는 화려한 새봄을 알리는 봄꽃조차 들어설 자리가 남아 있지 않았던 것이다.

날마다 더 빨리, 보다 새롭게

• • •
　혁신의 속도를 내기 위해 리더들의 열정과 확신을 먼저 이끌어낸 시도는 분명히 효과적이었다. 하지만 각 부서장이 조찬모임과 중식모임에서 듣고 나눈 이야기를 부서로 돌아가 전달하는 것만으로는 제철소 전체를 변화시키기에 역부족이었다. 더구나 소규모 조찬모임이 아니라 많은 사람과 이야기를 나누고 그들의 적극적인 동의를 얻어낼 일이 갈수록 늘어났다. 이 문제를 해결하기 위해 머리를 맞댄 혁신지원그룹은 조찬모임을 계속하는 한편 리더들의 열정을 끌어내기 위한 대대적인 워크숍을 기획했다.

　워크숍 장소는 1,218미터의 백운산 중턱에 자리 잡은 포스코 수련원이었다. 그곳으로 향하는 길에는 등산을 즐기는 사람들의 발길이 이어졌지만, 광양제철소 사원들은 수련원과 지척인 백운산 상봉에 올라 지리산 천왕봉을 바라볼 엄두조차 내지 못했다.

먼저 리더를 대상으로 한 계층별 혁신 워크숍이 두 차례에 걸쳐 진행되었다. 200여 명의 리더가 1박2일의 빡빡한 일정을 소화하며 조찬모임에서 미리 학습한 혁신 강의를 듣고 또 들었던 것이다. 이어 혁신과 안전, 노사, 학습, 공정 관리 등에 대해 집중 토론을 하며 구체적인 실천 계획을 짰다.

"TOP이 시켜서 하는 혁신은 진정한 혁신이 아닙니다. 리더의 마음속에 혁신의 열정이 불타올라 리더 스스로 고민하고 토론해서 찾아낸 과제를 실행할 때라야 혁신이 성공할 수 있습니다. 혁신에서 가장 중요한 것은 리더들의 열정입니다. 리더가 혁신에 완전히 몰입해야 혁신의 속도를 낼 수 있습니다."

리더들은 열정 덩어리가 되어 어떻게 혁신할 것인지를 두고 밤새 토론을 벌였다. 리더들 스스로 혁신의 주체가 되어 회사를 바꾸고 나아가 세상을 바꾸기 위해 혁신에 몰입하기 시작한 것이다.

1박2일의 워크숍은 기대 이상의 결과를 낳았다. 밤 새워 회사의 앞날을 염려하고 방법을 모색하면서 리더들은 자기도 모르는 사이에 혁신의 전도사가 되어갔고, 틈만 나면 누구든 붙잡고 혁신의 속도를 역설했다.

"지금 이대로는 절대 안 됩니다. 답보는 곧 후퇴니까요. 우리는 날마다 더 빨리, 보다 새롭게 달라져야 합니다."

그들은 몇 년째 계속되어 온 혁신 활동으로 피로감에 지쳐 있다는 불평을 쏟아내던 기억을 깡그리 잊고 모두 혁신의 전도사로 변해갔다. 자기도 모르는 사이에 어느새 혁신의 불씨로 타오르고 있었던 것이다.

워크숍을 다녀온 중간관리자들이 새로운 의욕을 불태우며 열정적으로 일하는 모습은 제철소 곳곳에 활기를 불어넣었다. 혁신지원그룹은 여세를 몰아 워크숍 대상을 주임, 반장, 엔지니어, 스텝, 여사원에게까지 확대했다. 이에 따라 1박2일 워크숍은 16차례나 이어졌고 포스코의 로고를 단 버스 행렬이 백운산의 가파른 산길을 끊임없이 오르내렸다.

광양제철소를 세계 제일의 자동차 강판 전문 제철소로 만들기 위한 물밑 작업이 진행되는 동안에도 세계 자동차 산업은 하루가 다르게 변해갔다. 중국의 자동차 산업이 획기적인 발전을 이루면서 업계 판도가 변하고 글로벌화가 빠르게 진행되는 등 단 하루도 지각 변동의 조짐이 수그러들지 않았다. 그럴수록 마음이 조급해졌고 혁신에 대한 갈망은 더욱 강해졌다. 세계 초일류 기업만 살아남을 수 있는 현실에 맞서 지속가능한 기업으로 살아남으려면 반드시 광양제철소의 일하는 방식을 획기적으로 바꿔야만 했다.

기술 개발에서 최고의 속도를 얻기 위해서는 반드시 그를 뒷받침할 만한 생산방식이 있어야 한다. 예를 들면 도요타의 TPS(Toyota Production System) 같은 고유의 생산방식을 만들어내야 하는 것이다. 그래야만 현장에서의 낭비를 최대한 줄이고 생산성을 높이는 동시에 현장을 개선해 남들이 혀를 내두를 정도로 빠른 기술 개발 속도를 실현할 수 있다. 그렇다면 대체 어떤 방법으로 포스코만의 생산방식을 만들어낼 것인가?

"지금 우리에게 가장 시급한 문제가 뭐라고 생각하십니까?"

모두들 혁신에 왜 박차를 가해야 하는지 그 이유를 절절히 느꼈기 때문인지 부장단이 모인 조찬모임의 분위기는 무겁게 가라앉았다.

"사원들 모두가 혁신에 동의하고 또한 혁신 활동에 몰입하고 있는 것은 분명합니다. 그런데 뭔가 눈에 띄는 성과가 보이지 않습니다. 성과가 없는 혁신은 금세 지치고 맙니다. 우리에게는 지속적으로 혁신 활동을 해나갈 수 있게 해줄 새로운 환경이 필요한 것 같습니다."

"새로운 환경이라고요?"

"생산량이 늘고 고품질의 강판을 만들어내는 실력은 쌓았지만 철을 만드는 현장은 예전과 별로 달라지지 않았습니다. 수십 년의 때가 묻은 현장에서 최고급 자동차 강판이 만들어질 수는 없지요. 지금 이대로의 현장으로는 더 이상 고급품을 만들어내기 어렵습니다."

"하지만 현장 개선 활동은 창업 이래 꾸준히 해온 게 아닙니까? 새삼스레 현장을 어떻게 바꾼다는 겁니까? 현장은 그 어느 곳보다 보수적입니다. 라인에 약간이라도 변화가 생기면 제품에 문제가 발생할 수도 있습니다."

포스코에 입사한 날부터 현장을 지켜온 부장단들의 의견이 팽팽히 맞섰다. 물론 최고급강을 만들려면 회사 전체가 최고급으로 바뀌어야 한다는 데는 의견이 일치했지만, 그 방법에 대해서는 며칠째 갑론을박을 거듭했다. 어쨌든 신일본제철 만큼 미려한 강판을 만들려면 신일본제철 같은 회사가 되어야 하지 않겠는가? 고급강을 만들기 위해서는 지금까지 범용강을 만드는 데 익숙해진 체질을 한 치의 오차도 허용하지 않는 체질로 변화시켜야 한다. 그러한 철저함이 몸에 배도록 하려면 어떻게 해야 할까? 또한 사원들 가슴속에 반드시 신일본제철을 뛰어넘는 고급강을 만들겠다는 다부진 결심을 심어주려면 어떻게 해야 하는가? 부장들은 저마다 머리를 싸매고 지혜를 모았다.

만인의 꿈은 현실이 된다

• • •
 때마침 아연도금설비(6CGL) 공장이 준공되었다. 이로써 세계 제일의 자동차 강판 전문 제철소가 되기 위한 하드웨어는 준비를 끝낸 셈이었고, 이제는 전 사원을 하나로 모아 혁신의 속도를 내는 일만 남았다. 아니, 제철소 전체를 혁신의 뜨거운 불길로 달구려면 수천 명의 사원은 물론 외주파트너사 사원들까지도 목표를 공유해야 했다. 왜 자동차 강판에 목숨을 걸어야 하는가? 왜 눈부신 속도로 현장을 혁신해야 하는가? 바로 이 '왜'에 대답할 수 있어야 진정으로 혁신의 불길에 동참해서 목표를 향해 돌진할 수 있을 터였다.
 물론 이를 위해 지난 몇 달간 현장을 찾아가 사원들에게 설명하고, 조찬모임과 백운산 워크숍으로 혁신의 필요성을 이해시키느라 애썼지만 그런 노력으로는 한계가 있었다. 모두가 하나가 되어 뜻을 모으고 마음을 합하도록 해줄 특별한 계기가 필요했던 것이다.

"비전 선포식을 준비합시다!"

허 소장의 느닷없는 주문에 혁신지원그룹의 이성수 부장이 눈을 둥그렇게 떴다.

"비전 선포식이라고요?"

"네, 세계 제일의 자동차 강판 전문 제철소의 완성을 선포하자는 겁니다."

"아니, 글쎄 그걸 누구에게 선포하신다는 건지……?"

"우리 제철소 사원들은 말할 것도 없고 외주파트너사 사원, 광양 시민들, 그리고 사원들의 가족까지 참석하게 해서 비전을 공유하는 겁니다. 우리가 성공하기 위해서는 비전이 제철소만의 것이 아니라 광양 시민 전체를 아우른 지역 사회의 비전이 되어야 합니다. 외주파트너사도 마찬가지지요. 그들의 협력이 없으면 혁신의 속도를 낼 수 없고 우리의 꿈도 이뤄지지 않습니다. 그러니 그들 모두를 비전 선포식에 참석시키고 우리의 비전에 공감하도록 프로그램을 만들어보십시오. 날짜는 7월 4일입니다."

광양제철소의 비전을 만천하에 선포하는 것, 제철소 사원은 물론 외주파트너사·사원들의 가족·광양 시민까지도 그 비전을 공유하게 만드는 것이 과연 가능할까?

사람들은 대부분 남의 일에는 무관심하다. 남이 무얼 하든 나와 직접적으로 상관이 없으면 결코 눈길조차 주지 않는다. 그런데 광양제철소의 비전을 광양 시민들까지도 공유하도록 만들라는 요구를 어떻게 실현해야 한단 말인가? 사실 '혁신'이라는 말은 새로움에 대한 기대를 심어주어야 마땅하지만 그것이 지나치게 남용되다 보니 오히려 남루해지고 말았다. 대다수 기업은 경영진이 바뀔 때마다, 그리고 세계적인 혁신 툴이 유행할 때마다 혁신을 부르짖었다. 한때는 최고경영진이 주먹을 부르쥐고 혁신을 이야기할 때마다 곧 엄청난 미래가 열릴 것 같은 기대감에 한껏 고무되기도 했다. 하지만 얼마 지나지 않아 혁신은 공허한 구호로 남고 혁신의 새로운 툴로 어수선해진 회사도 예전 그 자리로 돌아가는 일이 반복되면서 사람들은 '혁신'에 무감각해졌다.

왜 이런 일이 벌어지는 것일까? 이는 혁신 자체가 좀처럼 이뤄내기 어려운 일이기도 하지만, 무엇보다 혁신이 필요한 시기에 필요한 만큼 이뤄지도록 전체를 하나로 묶어 속도를 내는 일에 실패했기 때문이다. 여기에 더해 혁신을 끝까지 끌고 나갈 리더의 의지와 리더십이 부족한 것도 한몫했다.

혼자 꾸는 꿈은 그저 꿈으로 남지만 여럿이 함께 꾸는 꿈은 현실이 된다. 광양제철소의 비전 선포식은 목표가 무엇이고 이를 위한 혁신의 속도가 얼마나 절실한지 만천하에 선포하는 일이다. 물론 이를 위해서는 혁신 과정을 구체화하는 작업이 먼저 이뤄져야 한다. 이를 잘 알고 있던 혁신지원그룹은 즉시 혁신을 선포하고 널리 전파하기 위한 구체적인 작업에 들어갔다.

차가운 빗속의 뜨거운 비전 선포식

•••
　2006년 7월 4일, 아침부터 장맛비가 허공을 그어대는 가운데 자동차가 한두 대씩 백운아트홀의 넓은 주차장을 메우기 시작했다. 제철소 사원과 그들의 가족, 외부 손님 등 1,000여 명이 커다란 기대감을 안고 비전 선포식에 참석했던 것이다.

　아트홀의 넓은 무대 위에는 '광양제철소 비전 선포식', 'Global No.1 자동차 강판 전문 제철소 완성'이라는 대형 현수막이 내걸렸다. 그 아래로 이성웅 광양시장과 정준양 포스코 사장, 김수성 광양시 의회의장, 강웅규 광양제철소 외주파트너사 협의회장, 강동수 사원대표가 제철소장과 함께 나란히 섰다. 1,000여 석이 넘는 아트홀은 사원들과 그들의 가족, 외주파트너사, 지역 주민들로 가득 찼다. 이윽고 광양제철소의 전임 소장이던 정준양 사장이 단상에 올랐다.

"오늘날 철강업계의 경쟁은 매우 치열합니다. 오늘 흑자를 냈다고 해도 내일을 기약할 수 없는 상황입니다. 광양제철소가 이렇게 여러분을 모시고 비전 선포식을 하게 된 이유는 철강업계가 현재 처한 현실을 널리 알리는 동시에 광양제철소의 비전을 전하고 협조를 구하기 위해서입니다. 광양제철소의 비전은 2008년까지 글로벌 넘버원 자동차 강판 전문 제철소를 완성하는 것입니다. 광양제철소가 꿈꾸는 비전은 광양제철소의 노력만으로는 결코 이룰 수 없습니다. 포스코, 외주파트너사, 그리고 지역이 함께해야 합니다.

30년 전, 포스코는 허허벌판에서 쇠를 만들어냈습니다. 모두가 불가능하다고 한 일을 해낸 것입니다. 그때부터 지금까지 우리의 도전은 계속되고 있습니다. 아직 우리에게는 세계 최고급의 자동차 강판을 만들어내는 기술이 없습니다. 그렇지만 우리는 반드시 최고급 강판을 만들어낼 것입니다. 지금까지 끊임없이 도전하며 진화해온 포스코 정신으로 광양제철소의 비전을 이루고 말 것입니다. 오늘 이 자리에 계신 지역 주민들과 외주파트너사 사원 여러분께서는 변화와 혁신의 정신으로 똘똘 뭉친 포스코가 어떻게 진화하는지 반드시 지켜봐 주십시오."

이어 단상에 오른 허남석 소장은 혁신의 속도를 내는 일과 그것이 중요한 이유를 설명했다.

"지금까지 우리는 혁신의 고삐를 늦춘 적이 한 번도 없습니다.

하지만 새로운 경영 환경은 지금의 속도로는 이겨나가지 못할 만큼 무섭게 변하고 있습니다. 이에 대처하려면 이제껏 해온 혁신을 계속하되 그 속도를 더 빨리, 보다 철저하게 해야 합니다.

나아가 우리의 혁신은 외주파트너사는 물론 지역 주민들과 함께하는 것이어야 합니다. 앞으로 광양제철소가 벌이는 모든 혁신 활동에는 외주파트너사도 함께할 것입니다. 우리의 비전을 달성할 때까지 광양제철소와 외주파트너사, 그리고 광양시는 하나입니다. 이 자리에 계신 여러분 앞에서 저와 광양제철소 전 사원은 감히 선언합니다. 글로벌 넘버원 자동차 강판 전문 제철소의 목표를 반드시 이루겠습니다! 우리의 비전이 이뤄지는 날까지 저는 혁신의 전도사가 되어 여러분과 함께 현장에 있겠습니다!"

지금까지 생산량 초과 달성이나 새로운 공장 준공, 신기술 발표처럼 업적을 자랑하는 자리에 익숙해져 있던 사람들에게 그날의 비전 선포식은 놀라움 그 자체였다. 보이지 않는 위기를 강조하며 동참을 호소하는 제철소장의 비장한 목소리는 사원들은 물론 지역 주민들의 가슴을 서늘하게 만들었던 것이다.

여기가 끝이 아니었다. 허 소장에 이어 김희 MBB는 단상에 올라 QSS가 필요한 이유를 또박또박 들려주었다. QSS(Quick Six Sigma)란 현장 개선 활동에 식스시그마를 접목시킨 포스코 고유의 활동을 말한다. 현장의 구체적인 사례를 들어 당장 QSS를 해야 하는 이유를 설명하는 김희 MBB의 하얀 이마에는 송골송골 땀방울이 맺혔다.

그날 사원들에게 가장 큰 충격을 준 사람은 오지은 MBB였다. 품질기술부서에서 얼마나 커다란 위기의식을 느끼고 있는지 솔직하게 털어놓아 사원들의 머리털을 쭈뼛 곤두서게 만들었던 것이다.

"우리의 자동차 강판 제조 기술은 세계 5위 안에도 들지 못합니다. 우리가 목표로 하는 신일본제철과 비교해 품질도 많이 떨어지고 고객들의 요구 수준에도 한참 못 미치는 실정입니다. 자동차 강판 제조는 용광로에서 쇳물을 만드는 제선부터 강판에 미려하게 코팅을 하는 도금까지 한마음으로 정성을 들이지 않으면 결코 만족스런 제품을 만들지 못하는 까다로운 작업입니다. 우리가 만드는 자동차 강판을 신일본제철의 수준까지 끌어올리지 못하면 아무리 비전을 선포하고 밀어붙여도 우리는 결코 글로벌 넘버원이 될 수 없습니다."

오지은 MBB의 말은 제철소의 경영 이익 신기록에 기뻐하고 있던 사원들에게 엄청난 충격이었다. 특히 "일본 고객사가 포스코의 자동차 강판 제조 기술에 대해 '아직 품질 편차가 크고 결함이 반복되는 등 낮은 수준의 강종을 만드는 초보 단계'라고 말했다"는 이야기와 구체적인 사례를 담은 영상물은 제철소 전체를 발칵 뒤집어놓기에 충분했다.

그날 밤, 사원들은 밤새 회사 인트라넷에 수많은 글을 올렸다. 어떤 사원은 "정말 우리 수준이 그 정도밖에 안 된다는 말인가. 아, 슬프다"라며 탄식했고, 또 어떤 사원은 "비전 선포식 때 감동의 눈물을 흘렸다"고 그 순간의 가슴 터질 듯한 느낌을 적어놓기도 했다. 빗속에서 이뤄진 비전 선포식은 1,000여 명의 가슴에 불덩어리를 하나씩 안겨주었다. 지금껏 최고의 철강을 만든다고 자부심에 차 있던 사원들은 "대체 자동차 강판이 뭔데 우리한테 감히 초보 수준 운운하는 거냐"라고 불쾌감을 표시하기도 했고, "신일본제철과 한 판 붙어보자"며 강한 도전의식을 불태우는 사원들도 있었다.

나아가 광양제철소의 운명이 걸린 '글로벌 넘버원 자동차 강판 전문 제철소 완성' 문제는 지역 주민과 부인들 사이에 엄청난 반향을 불러일으켰다. 회사가 위기에 처할 수도 있다는 것을 알게 된 부인들이 남편에게 일찍 들어오라고 하지 않고 더 열심히 일하라고 한다는 말까지 들려왔다. 또한 광양시 관계자들은 광양제철소가 일본을 능가하는 자동차 강판을 만드는 날까지 지역 사회가 힘을 보태주어야 한다는 데 마음을 같이했다.

이후 비전 선포식은 사원, 외주파트너사, 지역 주민, 사원의 가족 등 7,000여 명을 대상으로 6차례나 더 열렸다. 그리고 백운아트홀을 다녀간 수천 명이 두 주먹을 쥐고 한목소리로 외치는 '글로벌 넘버원 자동차 강판 전문 제철소 완성'의 함성은 모두의 가슴에 커다란 감동을 안겨주었다. 그뿐 아니라 광양제철소의 비전이 제철소 사원, 그들의 가족, 외주파트너사, 지역 사회 모두의 비전으로 확대되면서 수많은 사람이 글로벌 넘버원 자동차 강판 전문 제철소라는 광양제철소의 비전을 마치 주문처럼 외게 되었다.

chapter 02
죽어도 하겠다는 확신만 있다면, 실행이다

24시간 깨어있는 조직

프로세스 관리의 연속성을 지켜라

제철소는 24시간 설비가 가동되기 때문에 그 특성상 공장장과 각 교대근무를 책임지는 교대주임 체제로 시스템이 돌아간다. 이는 하나의 생산라인에서 4명의 교대주임이 서로 교체 근무하는 시스템을 말한다. 포스코의 현장은 4개조로 구성된 현장 근무조가 3개조는 8시간씩 근무하고 1개조는 휴업하는 형태로 운영된다. 교대근무 인원은 서너 개 반으로 구성된 20~30명이고, 교대주임은 2~3개의 공정라인을 책임지는 공장장의 지휘를 받으며 실질적으로 현장 지휘를 책임진다.

그런데 4명의 주임이 번갈아 교대근무를 하다 보니 공장장의 생각이 모든 교대주임에게 전달되기까지 꽤 오랜 시간이 걸렸다. 이로 인해 생산이나 품질이 교대주임의 성향이나 역량에 따라 차이가 나거나 공장장의 생각을 하부조직까지 전달해 사원들을 일사불란하게 이끄는 데도 어려움이 따랐다. 그뿐 아니라 교대주임마다 성격이나 일하는 방식, 문제해결 방식이 다른 경우가 많고 자신이 근무하는 8시간만 책임지다 보니 전체 조업을 바라보고 최적화하기에 부족한 면이 있었다.

"교대주임간의 사소한 의견 차이가 간혹 큰 문제로 불거지기도 합니다. 고급강을 만들기 위해서는 한 치의 오차도 허용해서는 안 됩니다. 그러니 앞으로는 주중 오전 9시에서 오후 6시까지 근무하며 생산라인을 완벽하게 책임질 수 있는 상주주임을 둘 필요가 있습니다."

"전에도 상주주임 체제로 바꾸자는 의견이 있었지만 현실적으로 어려움이 많아 시행하지 못했던 것이잖습니까?"

"물론 우리처럼 거대한 규모의 현장에서 지금껏 유지해온 시스템을 하루아침에 바꾸기란 어려운 일이지요. 하지만 고급강을 만들기 위해서는 어쩔 수 없이 가야 할 길입니다. 더 이상 미루면 우리의 비전을 실현할 수 없습니다."

사실 제철소 내에서는 이미 부분적으로 상주주임 체제가 시행되고 있었다. 2002년, 한수양 소장이 제선부에서 상주주임 체제를 시범운영하게 한 이후 정준양 회장이 광양제철소장 시절에 냉연, 도금부로 확대 운영하기도 했다. 하지만 그러한 시스템을 제철소 전체로 확대하는 데는 난관이 많았다.

"교대주임이 없어도 현장이 돌아갈까요?"

"현장에 주임이 없다면 불안해서 어떻게 라인을 돌릴 수 있겠습니까? 그렇다고 사람이 신이 아닌 이상 잠도 안 자면서 24시간 근무할 수는 없으니 교대근무란 어쩔 수 없는 일 아닙니까?"

사원들은 상주주임으로 바꿔야 하는 이유와 의도에 대해서는 흔쾌히 공감하면서도 막상 제도를 고치는 데는 강한 저항을 보였다. 그중에서도 가장 큰 저항 원인은 4명의 교대주임이 1명의 상주주임으로 바뀌면 주임의 자리가 줄어드는 데서 오는 것이었다.

주임의 위치는 현장에서 가장 높은 자리다. 그렇기 때문에 모든 현장 사원은 주임이 되기를 꿈꾼다. 더욱이 일단 주임이 되면 정년이 될 때까지 그 자리를 지킬 수 있었던 터라 현장 근무자들은 주임을 4분의 1로 줄이는 계획을 쉽게 받아들이지 못했다. 어느 누가 자신의 자리가 없어지는 개혁에 찬성을 하겠는가? 교대주임 4명이 돌보던 생산라인을 1명의 상주주임으로 바꾼다는 것은 현재의 주임들이나 주임이 되기를 기다리는 반장들 모두 받아들이기 어려운 결정이었다.

혁신은 물줄기를 바꾸는 일이다

개인의 이익에 밀려 변화의 흐름을 거스를 수는 없는 노릇이었다. 광양제철소는 혁신의 불길이 당겨져 변화를 두려워하지 않게 된 분위기를 타고 부분적으로 시행하던 상주주임 체제를 확대했다. 모든 라인의 교대주임을 없애고 1명의 상주주임을 둔 뒤 그에게 모든 권한을 주었던 것이다.

상주주임 체제가 되자 교대주임의 성향에 따라 발생하던 작업 편차가 줄어들면서 표준 작업이 가능해졌다. 또한 주임이 1명으로 정해지자 TOP의 의사전달에도 일관성이 있어 이전보다 훨씬 빠른 업무 속도를 얻었다. 위험을 무릅쓰고 강행한 상주주임 체제로 보다 높은 성과를 창출하고 더불어 실행력을 키워갈 수 있게 된 것이다.

생산라인을 완전하게 책임지게 된 상주주임들은 한층 더 열정적으로 일했다. 교대반장은 고유 업무와 동시에 과거 교대주임의 역할을 일부 수행하면서 책임감과 역량이 향상되었다. 공장장도 해당라인에 대한 조업과 품질 관리를 상주주임에게 맡기면서 안전이나 노무, 설비 관리 등에 한층 집중할 수 있었다.

그러나 모든 사원이 만족하는 개선을 실현하기는 불가능하다. 광양제철소는 개인에게 돌아가는 피해를 최소화하기 위해 교대주임 자리를 잃고 좌절하는 사원들에게 현장 근무자들을 이끄는 실질적인 리더로서 현장에서 쌓은 리더십을 발휘할 수 있는 길을 열어주었다. 호칭까지 주임에서 파트장으로 바꿔 보다 강력한 리더십을 부여하고 주임이 되어 편안히 안주하는 대신 치열한 경쟁을 통해 더 크게 발전할 수 있는 길을 열어줌으로써 주임 자리를 놓고 생긴 불만을 가라앉혔던 것이다.

혁신은 지금껏 흘러오던 물줄기를 바꾸는 일이다. 그러므로 그 과정에서 반발과 시비가 일어나는 것은 당연하다. 중요한 것은

'그 일을 지금 꼭 해야 하는가'와 '그 일은 진정 회사를 위한 것인가'에 대한 확신이다. 그러한 확신만 있다면 시비와 반발은 조금도 두려워할 필요가 없다.

사실 조직 체계를 바꾸는 혁신은 일본의 철강사들도 어려워한 일이지만, 광양제철소는 뜨거운 혁신의 열기로 새로운 조직에 빠르게 적응해나갔다. 그리고 그 효과가 확인되면서 포스코 전체로 확대 적용하기 시작했다.

비전은 불가능을 가능으로 바꾼다

•••
　포스코는 일관제철소로서 쇳물을 만드는 제선 공정에서부터 제강, 도금 등의 주 공정과 그 주 공정을 지원하는 수많은 보조 공정을 모두 갖추고 있다. 보조 공정은 대개 주 공정의 생산 규모에 따라 사업 규모가 결정된다. 이에 따라 보조 공정의 규모를 확장하기 위해 독자적으로 투자를 하거나 인력을 육성하기보다 투자된 설비를 가장 효율적으로 운영하면서 극단적인 원가절감을 통해 경쟁력을 확보하는 전략을 취하는 것이 관행처럼 이어져 왔다. 그러다 보니 몇몇 보조 공정은 제품의 품질에 많은 영향을 미치는 공정임에도 기술 개발 및 설비 관리에서 뒤로 밀리는 경우가 많았다. 이런 일이 반복되면서 보조 공정을 담당하는 사원들의 소외감과 상실감도 더불어 커져갔다.

예를 들어 석회소성 공정은 제선, 제강에 생석회를 공급하는 중요한 일로 9기의 석회소성로에 매출 규모도 1,000억 원에 달했다. 이는 2~3기를 가동하는 일반 중소기업에 비해 엄청나게 큰 규모다. 하지만 석회소성로의 일일 생산량이 2,000~3,000톤으로 하루 3~4만 톤을 생산하는 주 공정에 비해 규모가 작아 제선부 소결공장에 속한 단위 보조 공정으로 분류되었다. 이에 따라 석회소성 공정은 9기의 석회소성로를 낭비 없이 운영하기 위해 최소 인원인 경험 인력 50여 명으로 고효율을 추구했다. 그런데 40여 년의 가동으로 설비가 낡았고 여기에다 인력 추가나 투자를 고려하지 않았기 때문에 주 공정의 생산증대에 맞춘 석회소성 생산성 향상은 기대하기 어려웠다.

사실 일이라는 게 내 것이라고 생각하면 뭐든 재미가 있지만, 남의 일을 도와준다고 생각하면 하기 싫은 게 인지상정이다. 이것을 잘 알고 있던 오창관 포항제철소장은 어떻게 하면 석회소성 공정을 효율화할 수 있을지 고민했다. 석회소성 공장 사원들에게 주인의식을 불어넣을 수 있는 방법이 없을까? 이때 그는 포스렉이라는 내화물 시공 및 관리 전문 자회사에 주목했다. 석회소성 공정도 전문 역량을 갖춘 기업으로 외주화해 해당기업의 핵심 공정으로 만들면 지금보다 훨씬 낫지 않을까?

생각이 정리되자 오 소장은 관련자들을 소집해 외주화 작업을 논의했다. 하지만 일을 시작하기도 전에 석회소성 공장 사원들의 거센 저항에 부딪히고 말았다. 하루아침에 국민기업 포스코 사원이라는 자부심을 잃고 외주사로 전직해야 하는 상황을 쉽게 받아들이려 하지 않았던 것이다.

"이건 단순히 공정을 떼어내는 게 아니라 지금까지 주 공정에서 소외되어 온 석회소성 공정을 전문기업으로 독립시켜 주 공정이 되게 하는 것입니다. 석회소성 공정을 독립시키면 여러분은 포스코의 다른 공정과 상관없이 여러분의 일에만 전념할 수 있기 때문에 보다 빠른 시간 안에 더욱 발전할 수 있을 겁니다. 그야말로 여러분의 일에 혁신을 일으킬 준비를 하는 셈입니다."

오 소장은 사원들을 설득하는 동시에 자회사로 분리되는 것에 불안감을 느끼는 사원들에게 명분과 실리를 안겨주는 작업을 시작했다. 여러 날을 고민하던 그는 외주화가 진행되면 제선부의 공장장을 석회소성 공정의 공장장으로 임명하기로 했다. 모기업의 사원을 외주사의 책임자로 임명하는 것은 석회소성 공정의 사원들이 전혀 예상하지 못한 파격적인 인사였다. 이는 그만큼 석회소성 공정을 중요시한다는 것과 외주화가 포스코와의 분리를 의미하는 것이 아님을 보여주는 행동이었다. 이렇게 해서 오 소장의 진심을 알게 된 사원들의 동요는 가라앉았고, 스스로 석회의 주인이 되어 멋지게 운영해보자는 분위기가 조성되기 시작했다.

2008년 1월, 석회사업 구체화 및 조기 안정 체제 구축을 위한 LIME(석회)사업본부가 발족되었다. 하지만 1,000억대 규모의 공정을 분리하는 것은 쉽지 않았다. 특히 포스렉이 보유한 기존 설비의 10배 규모의 설비를 인수하고 가동시켜 품질 및 생산성을 월등하게 향상시키는 일은 누구에게나 커다란 짐으로 여겨질 만했다. 인력 관리에서 원료 조달, 생산, 품질, 환경에 이르기까지 모든 상황별 개선 방안을 도출하고 조업을 준비해야 하는 어렵고 힘든 도전이 기다리고 있었기 때문이다.

어쨌든 어려운 과정을 거쳐 외주화가 시작되었고 그와 동시에 이런저런 문제가 수면 위로 떠올랐다. 가장 먼저 문제를 드러낸 것은 사원간의 화합이었다. 전환인력, 파견인력, 갓 입사한 신입사원 등 다양한 인력이 공동의 목표를 향해 나아갈 수 있도록 결속력을 강화하고, 나아가 역동적인 조직으로 거듭나도록 해야 했기 때문이다. 또한 후 공정에 따른 제품 신뢰도를 조속히 회복하는 것은 물론, 공장 안의 낙진과 낙석을 제거하고 분진 배출을 최소화하는 등 환경 개선 노력도 기울여야 했다.

속도가 생명인 시대에 언제까지나 문제를 끌어안고 있을 수는 없었다. 이들은 즉시 다양한 인력으로 구성된 조직을 한 방향으로 이끌기 위한 프로그램을 진행했다. 우선 노사 스킨십 활동을 전개하고 사원 간 유대관계 강화를 위한 체육대회를 열었으며, 포스렉의 이상영 사장이 직접 간담회 및 사원 부인 초청행사를 주관해 큰 호응을 얻었다. 그 효과는 서서히 나타났다. 방향을 잃고 갈팡질팡하던 사원들은 중심을 잡아나갔고 초기에 8명이던 전환 인원이 32명으로 늘어났다. 같은 비전을 향해 하나둘 열정을 보태는 변화가 시작된 것이다.

눈에 띄는 변화는 공장에서부터 나타났다. 5S를 활동의 기본으로 하는 QSS 활동으로 공장 내부 환경이 월등히 개선되었던 것이다. 이어 후 공정에 따른 제품 신뢰도 회복 활동을 펼치기 시작했다. 무엇보다 교대조별로 고객을 주기적으로 방문해 VOC(Voice Of Customer)를 듣는 등 막혔던 고객 대화 창구를 활성화하고 품질협의회를 신설해 VOC 개선안을 피드백했다. 그뿐 아니라 전략 기술 개발을 통한 지속적인 품질 관리로 품질을 높이고, 편차를 줄여 고품질강 제조에 안정감을 더해주었다. 이처럼 갈 길이 정해지자 전 사원은 한마음으로 목표를 향해 부지런히 움직였다.

제품 품질의 안정화를 실현하면서 사용 공장 사원들 사이에 석회사업본부의 변화에 대한 소문이 돌기 시작했다. 교대조별로 고객을 방문할 때마다 그들은 "생석회에 문제도 없는데 이제 그만 와도 되지 않느냐"며 농담을 건네기도 했다.

포항제철소의 소성 공정이 분리 독립한 후 설비 현장이 개선되는 것은 물론, 품질이 향상되고 조직이 안정적으로 바뀌자 광양제철소의 석회소성 설비도 독립시키려는 움직임이 일어났다. 김대생 이사를 필두로 포항에서의 혁신 10개월이 광양에서 똑같이 반복된 것이다.

그런데 똑같은 과정을 거치는 것이므로 한결 수월할 것이라는 예상은 보기 좋게 빗나갔다. 현장, 설비, 조직 등 어느 것 하나 포항제철소보다 쉬운 부분이 없었다. 당장 1RK(Rotary Kiln)의 설비 정상화가 시급했다. 포스코는 제 능력의 50퍼센트밖에 생산해내지 못하는 킬른(Kiln, 소성이나 용융 등의 열처리 공정을 위해 사용하는 장치)을 사장시키려 했지만 계열사인 포스렉은 개선할 수 있음을 자신했고 수많은 우여곡절 끝에 마침내 성공을 거뒀다.

　힘들면 힘든 만큼 대가가 있다는 말처럼 어려운 고비를 넘기고 환경 개선과 품질 안정이라는 두 마리 토끼를 잡은 석회사업본부의 내부에서는 또다시 새로운 도전을 향한 움직임이 꿈틀댔다. 독립을 했어도 포스코 사원 대다수가 전환함으로써 설비 운영의 안정감은 최대로 높였지만, 포항에서와 마찬가지로 전환한 사원들의 마음을 얻고, 그들에게 주인의식을 심어주는 것이 급선무였다. 그들은 대부분 15~25년의 장기근속자였기 때문에 희망퇴직금과 전환금으로 조금이나마 위로가 되었으나 여전히 서운해했다.

　이에 따라 이 사장을 비롯한 모든 사원은 포항의 경험을 바탕으로 새로운 가족을 맞이하듯 정성을 다했고, 전환한 사원들의 마음속에는 다시 한 번 잘해보자는 의지가 싹트기 시작했다. 이렇게 해서 기존사원과 전환한 사원들은 서로를 도와주고 이끌며 석회소성 설비 집중화 및 전문화를 통한 국제경쟁력을 확보한다는 전략을 서서히 실적으로 구체화했다. 특히 괄목할만한 성과는 운전과 정비를 통합하는 시스템 전환으로 폭발적인 시너지 효과를 이끌어내 안전은 물론 품질과 생산에서 지속적인 개선을 이뤄냈다는 점이다. 그렇게 1년여의 시간이 흐르자 독립회사로서 사원들에게 주인의식이 생기는 것은 물론 전문 기술 인력을 확보 및 관리해 기술력과 생산 효율이 10퍼센트 이상 향상되었다.

와글와글 토론하면 벽은 무너진다

∴ 현장의 문제를 해결하는 데 노벨상을 탈 만큼의 어려운 연구가 필요한 경우는 거의 없다. 문제는 대개 사소한 실수나 무책임, 부주의로 벌어지며 이것은 좀 더 신경 써서 관리하면 해결책을 찾아낼 수 있다. 그보다 더 어려운 문제일지라도 조업자들이 서로 지식과 경험을 나누면 어렵지 않게 해결책을 발견할 수 있다.

포스코는 조업 중의 문제를 해결하기 위한 최고의 시스템으로 학습동아리를 운영하고 있다. 이들은 컴퓨터를 활용해 24시간 서로의 지식과 경험을 나누는데, 이곳에서 쏟아져 나오는 노하우를 토대로 그리 어렵지 않게 문제를 해결하고 있다. 만약 좀 더 시급하거나 여러 부서가 힘을 합해야 하는 문제가 발생하면 오프라인 공간에 모여 해결책을 찾아낸다. 가끔은 열연이나 도금, 제강에 문제가 발생해 그 부서만의 힘으로는 해결하기 어려운 경우도 생기기 때문이다.

세계 최고급의 자동차 강판을 만드는 일은 제선부에서 좋은 쇳물을 뽑아내고 제강에서 잘 다듬어 도금으로 넘겨줘야만 가능하다. 어느 부서, 어떤 라인 하나라도 소홀히 했다가는 결코 만들어 낼 수 없는 것이 고급 자동차 강판이다.

그런데 서로 다른 부서가 의견을 나누기란 결코 쉽지 않은 일이다. 함께 얼굴을 맞댈 기회도 적을뿐더러 굳이 남의 부서 일에 관여하려 하지 않기 때문이다. 특히 상부의 지시를 받아 일을 처리하는 오랜 습관이 남아 있다면 다른 부서와의 화합은 더욱 어려워진다. 포스코 역시 이러한 분위기로 인해 대안을 찾아야 한다는 목소리가 불거지고 있었다. 사원들이 벽을 허물고 서로 마음을 터놓을 수 있는 획기적인 방법이 필요했던 것이다. 어떻게 하면 사원들이 마음을 터놓고 실컷 이야기할 수 있는 공간을 마련할 수 있을까? 고민 끝에 포스코가 찾아낸 것이 바로 '와글와글 토론회'다.

와글와글 토론회에서는 많은 사람이 문제점을 두고 와글와글 마구잡이로 떠들면서 토론을 벌인다. 그 자리에는 윗사람도 없고 아랫사람도 없다. 중요한 것은 직급이나 나이가 아니라 왜 문제가 발생했는가를 알아내고 어떻게 하면 문제를 해결할 수 있는지 그 방법을 찾아내는 일이다. 똑같은 문제가 두 번 다시 발생하지 않도록 시스템화할 수 있는 방법을 우선시한다는 얘기다.

문제의 원인을 찾다 보면 종종 부서 간에 반목이 생기거나 감정이 상하는 일이 발생하기도 한다. 그러나 문제해결이라는 더 큰 목표를 향해 서로 머리를 맞대고 골몰하는 과정에서 오히려 기존의 선입견을 버리고 상대방을 이해하게 된다. 왜 그런 문제가 발생할 수밖에 없었는지, 그 부서가 처한 상황을 이해하게 되는 것이다.

와글와글 토론회에는 의사결정권자도 반드시 참석한다. 그들은 토론회에 모인 사원들과 함께 저녁을 먹고 토론회에서 한 자리를 차지하고 있긴 해도 토론회 도중에는 가능한 경청하는 자세로 참여한다. 비록 MBB나 컨설턴트들이 토론을 주관하긴 하지만 사원들은 모두 동등한 위치에서 의견을 내놓으며 누구의 지시나 명령도 받지 않는다. 일반적인 회의가 대부분 리더의 의사를 전달받는 방식으로 이뤄지는 것과 달리, 와글와글 토론회는 현장 사원들의 생생한 목소리가 리더에게 전달되는 새로운 형태의 소통 방식이기 때문이다.

와글와글 토론회에서 제시되는 의견은 어느 것 하나도 흘려버릴 게 없다. 사원들의 생생한 목소리에는 현장에서 일하는 사람만이 알 수 있는 깊은 노하우가 담겨 있기 때문이다. 사원들이 와글와글 내놓는 의견 중에서 현장 개선의 실마리가 발견되면 리더들은 그것을 절대 놓치지 않고 칭찬한다. 덕분에 포스코에서 현장 개선은 현장 사원들의 실질적인 필요에 따라 이뤄진다.

와글와글 토론회가 성공하려면 각기 다른 부서를 대표해 참여한 사람들이 서로간의 낯섦을 허물고 진솔하게 이야기를 들려주어야 한다. 또한 현장 조업자들은 문제를 찾고 그것을 해결하는 일에 적극 나서야 하며, 리더는 그들이 올바른 방향으로 가고 있는지 살펴보고 격려해야 한다는 것을 인식하고 모두 자기 역할을 제대로 해주어야 한다.

처음에 허 소장은 와글와글 토론회가 성공할 수 있을지 의문이었다. 부서와 직급이 서로 다른 낯선 사람들이 모여 진솔한 이야기를 털어놓을지 염려되었기 때문이다. 하지만 해보기도 전에 포기하기엔 와글와글 토론회라는 아이디어가 무척 좋은 아이디어였다. 일단 부딪쳐보기로 결심한 허 소장은 먼저 그 아이디어를 백운산 워크숍에 도입했다. 와글와글 토론회에서 발생하는 문제들은 컨설턴트들과 의논해가며 수정 및 보완해나갈 참이었다. 하지만 와글와글 토론회의 횟수가 늘어나면서 이런 고민은 쓸데없는 걱정이었음이 드러났다.

사원들은 와글와글 토론회에 참석해 부서와 직급을 넘나드는 자유토론을 경험하면서 마음의 벽을 스스럼없이 허물었고 토론회는 갈수록 활기를 띠었다. 나아가 사원들 모두 와글와글 토론회의 성공 체험을 나누며 마음의 부담을 털어내고 적극적으로 참여했다. 이에 따라 리더가 주관하는 회의는 점차 줄어들었고 전원이 참여해 의견을 내고 절충하는 토론 문화가 정착되기 시작했다.

이러한 토론 문화는 회사의 비전 달성을 위한 실행 전략 수립 및 도전과제를 발굴하는 D$^+$(Define Plus) 과정에도 적용되었다. 또한 실행 계획을 발굴 조정하는 프로세스 맵핑(Process mapping)을 비롯해 실행 계획이 진행되는 동안 발생하는 장애를 제거하기 위해 해결안을 도출하는 과정에도 적용됐다. 한마디로 토론 문화가 전략 수립은 물론 실행 단계에까지 뿌리내려 일의 효율을 높이는 데 크게 기여했던 것이다.

"목욕탕 대신 찜질방은 갈 수 있습니다"

...
"여성 공장장을 고려하는 중인데…… 어떨 것 같습니까?"
"어디요? 설마, 우리 제철소 말입니까?"
허남석 소장의 조심스런 제안에 이옥산 부장의 목소리가 심하게 떨렸다.
"그래요. 우리 제철소에 여성 공장장이 탄생할 때도 된 것 같은데 말입니다."
"시기상조입니다."
"시기상조라고요? 그럼 언제쯤 가능할 걸로 보시나요?"
"글쎄요, 아무튼 아직은 이릅니다."
2001년 우리나라의 국가 경영을 진단하고 〈우먼코리아 보고서〉를 낸 바 있는 맥킨지(Mckinsey)는 "여성 인력을 활용하지 않는 한

대한민국은 선진국 진입이 어렵다"라는 의견을 내놓았다. 맥킨지는 앞으로 새롭게 생겨날 일자리는 고급 지식을 필요로 하는 전문직인데 여기에 전문 여성 인력이 투입되지 않으면 성장을 담보하기가 불가능하다는 예측을 했던 것이다. 실제로 우리나라는 터키나 멕시코보다 더 여성의 취업문이 좁은 실정이며 이는 고스란히 고급 여성 인력의 낭비라는 폐해를 낳고 있다.

그러나 맥킨지로부터 뼈아픈 충고를 들은 지 여러 해가 흘렀음에도 피부로 와 닿는 여성에 대한 편견은 여전히 굳건하기만 하다. 세계 최고의 컨설팅 회사로부터 여성 인력의 능력을 적절히 활용하지 못한다는 지적을 받고도 그 심각성을 깨닫지 못하고 있는 것이다.

그렇다고 여성들이 자기계발을 게을리 하는 것도 아니다. 많은 여성이 늘 자기 자리에서 최선을 다하며 기회를 만들어내기 위해 애쓰고 있다. 광양제철소 역시 '최초의 여성'이라는 수식을 떼차기 위해 지독하게 노력하는 여성이 많았다. 예를 들어 오지은 MBB는 남자들만의 일터로 알려진 제철소에서 어떻게 공장장을 해낼 수 있겠느냐는 질문에 "사원들과 함께 목욕탕은 갈 수 없지만 찜질방은 갈 수 있잖아요?" 하며 자신감을 보였다.

오지은 MBB의 의지와 열정에 공감한 허남석 소장은 당시 도금부장이던 이옥산 상무에게 여성 공장장 보임을 검토하라고 지시했다. 정확히 3주일 후, 그동안 오지은 MBB를 꼼꼼히 살펴본 이옥산 상무는 "공장장을 시킬 만하다"는 답을 내놓았다. 담당임원 역시 오지은 MBB를 공장장으로 임용해도 좋은가를 놓고 1주일을 고민한 끝에 긍정적인 답변을 보내왔다.

하지만 허 소장은 오지은 MBB를 곧바로 공장장으로 임명하지 않았다. 대신 '오지은 MBB가 도금 공장장으로 갈지도 모른다'고 슬쩍 정보를 흘렸다. 그 소문은 삽시간에 퍼져나갔고 여기저기서 말도 안 되는 얘기라며 반발이 일어났다. 그런데 소문만 무성할 뿐 아무런 변화가 없자 이번에는 오지은 공장장 건은 물 건너간 모양이라는 말이 떠돌았다. 그동안 제철소 안에서는 여성 공장장을 둘러싸고 각종 토론이 벌어졌고, 이제는 여성도 뭐든 할 수 있는 시대라는 이야기가 공공연히 흘러나오면서 '만약 오지은 MBB가 온다면 적극적으로 도와 성공적인 공장장이 되도록 하겠다'는 이야기로 발전하고 있었다.

그렇게 여성 공장장 소문이 돌기 시작한 지 석 달쯤 지난 뒤 오지은 MBB가 1도금 공장장으로 임명되었다. 이미 여론을 통해 충분히 검증을 거쳤기 때문인지 몰라도 사원들은 반발은커녕 오히려 제철소 최초의 여성 공장장을 따뜻하게 반겨주었다.

그 무렵 광양제철소에는 또 한 명의 여성 책임자가 탄생했다. 최초로 여성 생산관제과장이 된 김희 MBB는 QSS를 전파하느라 링거까지 꽂은 인물이었다. 나이와 성별에 구애받지 않고 현장 사원들과 잘 어울렸던 김희 MBB는 여성 특유의 꼼꼼함과 대담함을 두루 갖춘 인재였지만 사람들은 여성에 대한 편견을 완전히 깨뜨리지 못했던 것이다. 이에 따라 이번에도 여론에 운을 띄운 다음 한참 지켜보는 방식을 택했다.

우여곡절 끝에 생산관제과장이 된 김희 MBB는 자신을 믿어준 사람들의 기대를 결코 저버리지 않았다. 그녀는 발령받은 지 몇 달 만에 "광양제철소의 모든 생산품을 한눈에 관리해야 하는 자리에 어떻게 여자를 앉힐 수 있느냐"고 반발하던 사원들까지도 "좀 더 일찍 발령을 내지 그랬느냐"며 너스레를 떨게 만들었다. 일 자체에 대한 능력과 더불어 여성 특유의 섬세함과 친화력으로 사원들의 마음을 사로잡았기 때문이다.

얼마 지나지 않아 포항제철소에서도 새로운 여성 리더가 등장했다. 그 주인공은 진영주 차장으로 포항제철소 전 공정에서 발생하는 부산물을 다시 자원화해 환경을 지키면서 부가가치도 창출하는 자원재활용팀을 맡아 첫 여성 리더가 되었다. 물론 본사 기획부서에는 더러 여성 리더가 있었지만 생산을 책임지는 제철소에서 여성 책임자를 임명한 것은 도저히 깨질 것 같지 않던 관습의 벽을 깬 혁신적인 결단이었다.

'제철소' 하면 사람들은 으레 남자의 영역이라고 생각한다. 그러나 21세기에 남자만의 영역은 존재하지 않는다. 남자가 할 수 있는 일은 여자도 할 수 있고, 이것은 그 반대의 경우도 마찬가지다. 포스코가 사원들에게 '할 수 있고 할 수 없는 것을 구분하는 것은 오로지 능력뿐이다'라는 믿음을 심어주는 한편 고정관념을 깨도록 해준 것은 바로 인사 혁신이었다.

그 대표적인 사례로 여성 리더를 임명하는 것은 물론 2007년에는 광양과 포항에서 마흔 살 이상의 주부사원을 각각 15명씩 채용했다. 사실 마흔 살이 넘은 주부들을 생산 현장 사원으로 뽑는 기업은 흔치 않다. 그런데 치열한 경쟁을 뚫고 입사해 6개월간 교육을 받은 뒤 현장에 투입된 주부사원들의 작업 성취도는 기대 이상이었다. 흥미롭게도 주부사원의 절반은 포스코 사원의 부인이었는데, 그들 중에는 남편보다 먼저 기계정비산업기사 자격증을 획득한 사람이 있을 정도로 일에 대한 열정이 대단했다.

포스코는 성차별과 더불어 학력차별도 줄여나가려 노력하고 있다. 실제로 포스코에서는 리더로 가는 길에 낮은 학력이 그다지 장애가 되지 않는다. 설사 고등학교만 졸업했을지라도 수백 명의 사원을 거느리는 부장이 될 수 있다. 이를 증명하듯 광양제철소에는 현재 8명의 고졸 출신 과장과 공장장이 있으며, 특히 현장 혁신을 주도한 이종열 부장이 포스코 최초로 임원급이 되면서 학력은 결코 성장의 걸림돌이 아니라는 것을 보여주었다.

물론 처음부터 낮은 학력이 승진에 영향을 미치지 않았던 것은 아니다. 오랫동안 '현장 출신은 주임까지'라는 벽이 존재해온 것이 사실이다. 탓에 고졸 사원은 그 벽에 부딪혀 주임이 되는 순간 더 이상 자기계발에 열정을 보이지 않았다. 앞날에 대해 별다른 희망이 없는데 더 이상 무슨 노력을 할 것인가. 더구나 교대주임은 8시간 근무를 성실히 지키고 퇴근하면 그 이상으로 제철소 일에 신경 쓸 필요가 없었다.

다행히 혁신의 칼날이 이러한 불합리함을 싹둑 잘라냈다. 우선 교대주임을 없애고 상주주임으로 전환해 파트장이라는 직책으로 생산라인을 책임지게 했다. 이와 동시에 이들에게 공장장으로 승진할 기회를 열어주자 주임들 사이에 자기계발의 열기가 뜨거워졌다. 자신의 고유 업무에 대해 연구하는 것을 비롯해 제철소 전체를 두루 살필 줄 아는 안목을 키우기 위해 노력하는 모습이 역력했던 것이다. 승진의 벽을 허물면 사원들은 스스로 능력을 키우기 위해 최선을 다하게 마련이다.

마음의 가장 끝까지 소통하라

서로를 벤치마킹하는 포항과 광양

포항제철소와 광양제철소는 일을 진행하는 방식이나 그 성격 면에서 서로 다르다. 포항제철소가 형답게 엄격하고 진지하며 철두철미하다면, 뒤에 태어난 광양제철소는 도전적이고 모험을 두려워하지 않는 동생의 기질을 지녔다. 물론 광양제철소가 실패를 두려워하지 않고 과감히 도전할 수 있는 것은 포항제철소가 뒤에서 든든히 받쳐주기 때문이다. 실제로 포항제철소는 포스코의 뿌리답게 어떤 상황에서든 안정적인 조업을 이끌며 회사를 지속적으로 발전시켜 왔고, 덕분에 광양제철소는 포항제철소의 안정성을 믿고 다양한 혁신 전략을 시도해볼 수 있었다.

시간이 지나면서 이러한 경향은 더욱 강해졌다. 포항제철소는 진지함과 성실함을 바탕으로 돌다리도 두드리고 건너는 안정성을 추구하는 반면, 광양제철소는 도전정신과 속도를 앞세운 혁신 활동에 더욱 적극적으로 임했던 것이다.

일반적으로 기업 혁신은 혁신기획실이나 경영혁신실이 중심이 되게 마련이다. 이들은 세계적으로 인정받는 훌륭한 경영 기법이나 혁신 기법을 도입한 뒤 기업의 실정에 맞도록 보완한 다음 로드맵을 구성해서 전사 차원으로 확대해나간다. 여기까지는 포스코를 포함한 많은 회사가 따르는 방법이다. 이때 보통은 기획부서에서 제공한 혁신 기법이 현장에 잘 맞지 않더라도 일단 최고의 혁신 이론이 만들어낸 툴에 억지로라도 끼워 맞춰 현장을 바꿔보려 한다.

하지만 포스코가 실행해온 혁신 방법은 전혀 다르다. 새로운 혁신 기법이 제철소로 내려오면 그 이론이 현장에서 어떻게 적용되는지 오랜 시간을 두고 지켜본다. 만약 새로운 혁신 기법이 현장과 잘 어울리면 사원들 스스로 혁신의 굿판에 신명나게 뛰어들지만, 현장과 잘 맞지 않으면 아무리 이론이 훌륭할지라도 가차 없이 폐기한다. 가장 좋은 혁신은 현장에 뿌리를 내릴 수 있는 것이어야 하고, 혁신의 주체는 현장 사원이어야 한다는 게 오랫동안 혁신을 해오면서 얻은 결론이기 때문이다.

포항제철소와 광양제철소는 이러한 혁신 활동을 통해 혁신의 틀을 함께하며 장점을 특화하고 다양한 성공사례를 발굴하면서 진화해왔다. 예를 들어 포항은 광양의 비주얼 플래닝(Visual Planning)이나 학습동아리 활동을 벤치마킹해 일하는 방식을 훨씬 효율적으로 변화시켰고, 광양은 포항의 마이머신 성공사례 등을 광양의 동일 영역에 접목해 혁신 활동을 보다 쉽게 현장에 정착시킬 수 있었다.

나아가 포스코 본사의 경영혁신실은 서로 성격이 다른 양대 제철소의 힘을 융합해 보다 나은 기업 문화를 만들어갈 때가 되었다고 판단해 양쪽 제철소간의 대화와 교류를 추진하기 시작했다. 그 첫걸음으로 양대 제철소의 혁신 담당자들과 현장의 직책보임자는 물론 임원과 부서장까지도 서로를 벤치마킹하는 노력을 시도했다. 특히 현장의 조업부서장들은 2박3일씩 상대 제철소에서 교환근무를 하며 서로의 문화를 체험하기도 했다. 이러한 경험은 상대 제철소의 성격과 장점을 파악하는 계기가 되었고, 더불어 양대 제철소간에 원활한 소통이 이뤄지면서 혁신 활동이 양쪽 모두에게로 빠르게 전파되어 갔다.

엎치락 뒤치락 신기록 릴레이

포스코에서 전사 차원의 소통이 이뤄지기 시작한 것은 식스시그마가 도입된 2002년부터다. 포스코가 소통을 위해 유난히 고심한 이유는 각 부서의 원활한 소통이 없으면 생산성 향상이나 신기술 개발이 거의 불가능에 가까웠기 때문이다.

실제로 값싸고 질 좋은 쇳물을 만들기 위해서는 코크스를 만드는 화성부와 쇳물을 만드는 제선부가 유기적으로 소통하며 저가 연원료를 사용해 생산 효율성을 최대로 높여야 한다. 여기에 더해 본사 원료구매실에서 값싸고 질 좋은 연원료를 적기에 구매해 필요한 만큼 공급해주어야 신기술 개발이 가능하다. 한마디로 전사 차원에서 구매한 연원료를 포항과 광양의 조업 조건에 맞도록 최적화해 분배하는 고도의 전략이 필요한 것이다.

포스코는 이처럼 서로 다른 조직의 수많은 사람이 협업해야 하는 일을 '메가-와이(Mega-Y) 프로젝트'로 이름 짓고 임원이 직접 지휘하게 했다. 각 부서의 이익만을 위한 부분 최적화가 아니라 전체 최적화를 통해 이익을 극대화하기 위해서다.

양대 제철소가 소통을 위해 일차적으로 추진한 것은 사원들이 포항과 광양을 오가는 메가-와이 프로젝트를 통해 전사적 소통이 얼마나 중요한가를 체험하게 하는 일이었다. 이때 경영혁신실에서는 포항과 광양에서 벌어지는 혁신 활동의 장점을 전사적 모델로 만들어 사업장간에 상향평준화가 이뤄지도록 현장을 지원하고 격려했다. 양대 제철소의 메가-와이 프로젝트 성공 체험을 바탕으로 일의 소통을 넘어 일하는 방식을 소통하는 프로젝트로 나아갔던 것이다.

제선-화성부의 연원료 메가-와이 프로젝트는 용광로 기술에서 세계적인 권위자로 인정받는 조봉래 상무가 지휘를 맡았다. 사실 포항과 광양은 용광로에 약간 차이가 있다. 포항은 소형, 중형, 대형 용광로를 모두 가동하지만 광양의 제선부는 대형 용광로만 5기를 가동하는 것이다. 더구나 용광로는 크기에 따라 다루는 기술에

미묘한 차이가 있기 때문에 양대 제철소는 좀 더 나은 기술을 개발하기 위해 늘 경쟁하고 있었다. 그러한 상황에서 메가-와이 프로젝트를 맡은 조 상무는 양대 제철소의 제선부를 서로 경쟁시키는 동시에 융합하면서 시너지를 극대화하기 시작했다.

용광로의 기술력을 표시하는 데는 일반적으로 용광로의 단위용적당 일일 생산량을 표시하는 출선비($T/D.m^3$)를 활용한다. 보통 내용적이 4,000~5,000m^3인 대형 용광로의 출선비가 2.30$T/D.m^3$이면 세계 최고 수준으로 보는데, 광양제철소의 모든 용광로는 여기에 속한다. 그런데 포항제철소가 2006년 포항 3고로를 4,350m^3로 확대한 후 출선비를 2.80$T/D.m^3$까지 끌어올리면서 광양제철소를 앞질렀다. 그러자 2007년 가을 광양제철소의 제선부는 3고로를 포항과 동일한 내용적으로 확대한 후 출선비를 2.97$T/D.m^3$까지 끌어올려 포스코 신기록은 물론 세계 최고의 일일 출선량인 14,801T/D를 달성했다. 이는 최근 가동을 시작한 중국 사강의 5,800m^3 고로 직전까지 세계 최대 규모였던 일본 오이타의 5,775m^3 고로에서 생산하는 것보다 많은 양이다.

신기록 경쟁은 여기서 끝나지 않았다. 광양제철소가 세계 최고의 출선량을 올린 바로 다음달, 포항이 또다시 출선비 3.01$T/D.m^3$의 대기록을 달성했다. 출선비 3.01$T/D.m^3$는 용광로 기술자들이 도저히 달성할 수 없다고 여기던 꿈의 숫자였는데 포항제철소의 제선부가 꿈을 현실로 만들었던 것이다.

이처럼 포항과 광양의 신기록 릴레이가 펼쳐질 수 있었던 것은 리더의 지휘에 맞춰 양대 제철소가 공동의 목표를 정하고 서로의 힘을 극대화해 시너지를 냈기 때문이다. 무엇보다 포스코의 사원들은 이러한 성공사례를 통해 전사적 소통이 얼마나 중요한가를 직접 체험할 수 있었다.

한 가족 두 지붕의 갈등

같은 설비를 둘러싼 보이지 않는 벽

제철소 현장 설비는 하루 24시간 내내 돌아가는데, 수십 개의 공장 중 어느 공장의 어떤 생산라인에서 문제가 생길지 몰라 잠시도 긴장을 늦출 수 없다. 이러한 현장을 담당하는 조업부서는 사실 운전기능과 정비기능이 하나로 모인 프로세스다. 그러나 현장에서는 조업은 운전부서가 담당하고 정비부서는 모든 설비가 최적의 상태로 운영될 수 있도록 도와주는 역할을 담당한다고 생각했다. 이에 따라 암묵적으로 역할이 분리되면서 두 부서 간에 보이지 않는 벽이 형성되어 있었다.

사정이 이렇다 보니 설비가 고장 날 때마다 상대 부서의 입장은 생각하지 않고 자기 부서의 입장만 고집하는 시비가 심심치 않게 벌어졌다.

"설비가 이렇게 망가졌는데 빨리 고치지 않고 대체 뭘 하고 있는 겁니까?"

"설비를 운전하는 도중에 모터가 멈췄기 때문에 적어도 30분은 설비를 쉬어야 합니다. 그렇지 않으면 고압모터가 타 버려 설비가 완전히 정지할 수도 있습니다."

"참, 한가한 말씀하시네요. 하루 24시간 내내 돌려도 겨우 생산량을 맞출까 말까 인데 설비가 탈지도 모르니 쉬어야 한다고요? 그럼 타지 않도록 고치면 되지 않습니까!"

"그게 그리 간단한 문제가 아닙니다."

"그러기에 애초에 정비를 잘해주면 고장이 안 날 거 아닙니까!"

"고장이 나지 않도록 운전을 잘하는 게 우선이지요."

물론 조업이 최고의 성과를 내려면 문제가 발생한 설비를 신속하게 수리하는 일보다 애초에 설비가 고장 나지 않도록 예방 차원의 운전을 하는 게 더 중요하다. 하지만 예방 차원의 운전을 하려면 설비를 잘 알아야 하는 것은 물론 운전 지식도 갖춰야 한다. 다시 말해 운전부서도 설비와 정비에 대한 기초 지식을 갖춰야 사고를 예방할 수 있는데 두 부서 간에 지식 교류가 없다 보니 상대를 이해하지 못하고 자기 입장만 내세우다 시간만 지체되기 일쑤였던 것이다.

어떻게 하면 책임 소재를 둘러싼 이러한 갈등을 애초부터 없앨 수 있을까? 설비고장률 제로화의 관점에서 모든 고장 시간과 수리 시간을 단축하고 설비가동률을 향상시키기 위해 운전과 정비의 목표를 통합시키는 것은 어떨까? 같은 설비를 다루면서도 운전과 정비로 나뉘어 공연한 책임 문제로 시간을 낭비하는 것은 비효율적이라고 생각한 허 소장은 운전과 정비의 통합을 결정했다.

세계 최고의 자동차 강판을 개발하기 위해 시간과 치열한 싸움을 벌이는 상황에서 운전과 정비가 서로 나뉘어 개발 시간을 낭비하는 것을 그냥 두고만 볼 수 없었던 것이다. 조직 통합을 위해서라도 그동안 알게 모르게 쌓여온 부서간의 갈등과 반목은 반드시 무너뜨려야 했다. 물론 오랫동안 관습적으로 유지되어 온 시스템을 바꾸는 것은 쉬운 일이 아니지만 힘들다고 포기할 수는 없었다. 혁신 자체가 관습과 타성으로 유지되는 것들을 효율적인 것으로 바꿔가는 것이니 힘들고 어려운 것은 당연한 일 아닌가.

사실 운전과 정비를 일체화하려는 움직임은 이전에도 여러 번이나 있었다. 그렇지만 부서간의 이해가 워낙 심하게 부딪히고 담당임원들의 의견 충돌도 만만치 않아 그러한 시도가 관철된 적은 없었다. 다행히 비전 선포식과 더불어 사원들의 위기의식이 팽배해지면서 이 문제는 과거만큼 강한 거부감 없이 수면 위로 떠올랐다. 이러한 분위기를 감지한 정준양 생산기술부문장(COO, Chief Operation Officer)이 앞장서서 임원들의 공감대를 이끌어내고, 이구택 회장이 과감한 결단으로 동참하면서 결국 운전과 정비는 하나로 통합되었다.

하나가 되기 위한 특별한 노력

"내일부터 현장 정비 조직을 운전부서 부소장 소속으로 옮깁니다."

새로운 인사 조직이 발표되고 부서원들의 이름표가 바뀌자 겉으로는 운전과 정비가 완전히 하나가 된 것처럼 보였다. 하지만 조직 체계가 바뀌어도 공동의 목표를 갖기 전에는 진정한 통합이 이뤄진 게 아니다. 서로 다른 체제를 통합해 하나로 만들기 위해서는 어제까지 서로 다른 목표를 갖고 있던 두 조직을 하나의 목표로 묶는 작업이 필요했다.

"이렇게 조직만 합친다고 될 일이 아닙니다. 오랫동안 다른 부서로 나뉘어져 있던 사람들이기 때문에 하나가 되기 위한 특별한 노력이 필요합니다. 자칫하면 물과 기름처럼 서로 겉돌기만 할 수도 있어요."

"일단 서로 마음의 벽부터 허문 다음에 업무를 어떻게 부담할지 의논을 해야지요."

"아닙니다. 가장 먼저 해야 할 일은 공동의 목표를 정하는 일입니다. 하나의 목표를 향해 한 방향으로 나아갈 때라야 비로소 운전과 정비를 일체화한 효과가 나타나게 됩니다."

두 조직의 합체가 결정되자 운전부서의 공장장과 운전파트장, 정비부서의 정비과장과 정비 SV(Supervisor)가 한자리에 모여 통합된 조직의 목표를 어떻게 세우고 실행할 것인지 토론했다. 그들의 어깨에는 조직 개선의 효과를 극대화해야 한다는 무거운 짐이 얹혀 있었다.

"전에는 설비 중심으로 일을 나눴지만 이제 전체 프로세스를 놓고 어떻게 일하는 것이 좋은지 찾아봅시다. 어떤 부분에서 서로 협업하고 또 어떤 부분에서 따로 책임을 맡을지 적절히 조절하는 것이 우선입니다."

"당연한 얘깁니다. 운전과 정비를 하나로 합친 이유는 프로세스 위주로 일의 효율성을 높이기 위해서니까요."

이러한 의논 끝에 프로세스를 중심으로 목표를 일체화하면서 운전과 정비는 자연스럽게 하나가 되었지만, 조직 간의 소통 문제는 그리 간단하지 않았다.

"이거야 원, 말이 좋아 한 부서지 누가 누군지 알기를 하나…… 영 어색하네."

"낯선 사람과 하루 종일 일을 하려니 도무지 불편해서 말이야. 한 회사에 다니면서 그렇게 서로를 몰랐다는 게 새삼 놀랍더라고."

어색함을 극복하지 못해 여기저기서 불만의 목소리가 불거지자 운전과 정비부서의 원활한 소통을 위해 서둘러 사무실을 하나로 합쳤다. 물론 처음에는 그다지 변화가 없었지만 시간이 흐르면서 점점 서로에게 익숙해지자 마음의 장벽도 무너져갔다. 나아가 한 사무실에 앉아 머리를 맞대고 의논하게 되면서 운전은 정비의 입장에서, 정비는 운전의 입장에서 생각하게 되었다.

변화는 여기에서 그치지 않았다. 서로 다른 조직이 하나의 프로세스에 몰입하여 일할 수 있는 조직 체계를 위해 운전부서 공장장이 정비부서 주임을 일정 부분 평가할 수 있는 제도적 보완을 시도했다. 또한 운전부서 주임과 정비부서 주임의 목표가 프로세스 관점에서 동기화하도록 목표 수립 단계에서부터 담당임원이 확인하고 조정하는 기능을 추가했다.

 이러한 노력으로 마침내 운전과 정비부서는 서로의 업적과 성과까지 공유하게 되었다. 더불어 각종 창조 활동과 성과 포상에서 서로를 칭찬하고 공을 양보하는 것은 물론, 서로를 더 잘 이해하고 신뢰하는 분위기가 만들어졌다.

 결과적으로 설비가동률은 기대보다 훨씬 향상되었고 제안 참여율도 90퍼센트를 넘어섰다. 특히 운전과 정비부서의 지혜를 하나로 모아 300여 개가 넘는 학습동아리를 운영하면서 우수제안이 전년대비 무려 200퍼센트나 향상되었다. 이것은 수많은 성공 체험을 낳는 동시에 이를 기반으로 설비가동률이 향상되는 선순환을 불러일으켰다.

chapter 03
식스시그마보다 강한 포스코 현장형 혁신

03

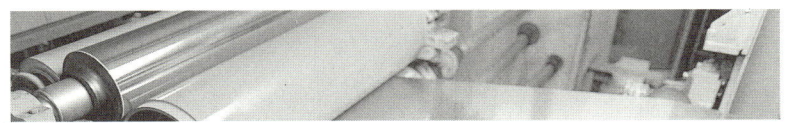

문제는 보이는 그 즉시 해결한다

QSS, 혁신사관학교

많은 기업이 혁신을 위해 혁신에 성공한 기업들을 벤치마킹한다. 그러나 아무리 좋은 옷도 내게 맞지 않으면 별다른 소용이 없다. 세계 여러 나라의 수많은 기업이 도요타의 생산방식을 벤치마킹하느라 애썼지만 실제로 제2의 도요타가 된 곳은 찾아보기 어렵다. 이러한 현실이 보여주듯 남의 성공사례를 나에게 적용하는 것은 생각보다 어려운 일이다.

포스코가 GE의 세계적인 성공 모델인 식스시그마를 도입해 현장에 적용할 때도 무척이나 어려웠다. 통계를 통해 편차를 줄이고 재무적 성과를 얻는 식스시그마는 현장 사원 모두가 참여하기에 어려운 점이 있었기 때문이다. 이에 따라 포스코에서는 모든 사원이 쉽게 참여할 수 있으면서도 식스시그마의 장점을 살릴 수 있는 개선 활동을 찾기 위해 고민했다. 이때 개발된 것이 재무 성과와 기술 개발을 위해서는 식스시그마를 적용하고, 일상적인 낭비를 없애는 것과 더불어 현장을 개선하는 데는 일본의 TPM과 식스시그마를 단순화해 접목한 QSS를 활용하는 방식이다. 포스코는 여기서 그치지 않고 식스시그마와 QSS를 두 축으로 하는 포스코형 식스시그마까지 개발했다. QSS 중에서 일본의 TPM은 설비를 개선하는 마이머신 활동으로 연결시키고, 개선 활동은 전 사원이 학습동아리에 참여해 개선하도록 발전시킨 것이다.

현장 혁신 활동을 추진하기 위해 무엇보다 중요한 것은 혁신 활동을 이끌어갈 훌륭한 인재를 육성하는 일이다. QSS든 식스시그마든 그것을 해내는 것은 결국 사람이다. 모든 일의 성패가 사람에게 달려 있기 때문에 전 사원을 대상으로 교육을 실시하는 것은 더없이 중요하다. 포스코는 바로 이 부분에서 강점이 있다. 사람의 마음을 움직여 혁신에 대해 열정을 불태우게 하고, 구체적인 교육으로 혁신 리더를 육성해 점점 더 그 숫자를 늘려감으로써 빠른 시간 안에 혁신을 전파하는 노하우가 있는 것이다.

우선 현장 실무에 밝은 파트장이나 반장들을 대상으로 일주일간 QSS 집중 교육을 시켜 QSS 즉실천리더를 육성한다. 또한 부서마다 15명 남짓한 부원들을 3개월간 현장 업무에서 완전히 분리시켜 QSS 과제만 해결하고 현장의 정리 정돈 및 청소 활동을 지도하게 한다. 이들을 현장의 개선특공대라는 의미로 QSS 개선리더라고 부른다.

특히 현장 업무에 밝은 QSS 개선리더들은 3개월간의 과제 수행을 통해 완전히 다른 사람으로 거듭난다. 어려운 과제를 수행하면서 단련이 되는 것은 물론, 과제를 수행하는 동안 지켜보는 부장과 공장장들의 관심 혹은 격려를 통해 리더로서의 자질을 갖추게 되는 것이다. 이들 중에서 탁월한 성과와 역량을 보이는 개선리더는 추가로 6개월간 난이도 높은 교육을 받은 후 현장 혁신의 전도사인 QSS 마스터가 되었다.

이렇게 육성된 QSS 개선 전문가들은 각 공장으로 배치돼 현장 사원들을 교육하고 현장의 개선 문화를 바꿔감으로써 QSS가 확고히 뿌리내리게 했다. 이들의 활약에 힘입어 2006년 상반기만 해도 200여 명에 불과하던 QSS 개선 전문가는 1,000여 명으로 늘었고, QSS 즉실천리더는 수천 명으로 늘어났다. QSS 리더들이 늘어난다는 것은 그만큼 현장 개선 활동이 자리를 잡고 널리 퍼져간다는 것을 의미한다. 그렇기 때문에 경영진은 QSS 마스터를 뽑을 때마다 이렇게 당부한다.

"여러분은 이제부터 혁신사관학교에 입학한 것입니다. 포스코가 QSS 마스터들에게 거는 기대는 매우 각별합니다. QSS 마스터는 TOP의 뜨거운 혁신 열기를 고스란히 전해받아 현장에 퍼뜨리는 혁신 전도사의 역할을 해낼 인재이기 때문입니다. 민들레 홀씨가 공중을 날아다니며 사방에 씨를 흩뿌리듯 QSS 마스터는 포스코 곳곳에서 혁신의 정신을 퍼뜨려야 합니다."

실제로 포스코에서는 QSS 마스터들이 뿌린 혁신의 정신이 현장 곳곳에서 살아 움직이며 혁신을 실천할 수 있는 토양을 만들어나가고 있다.

죽은 설비를 살려내는 마이머신 활동

QSS의 하나인 마이머신 활동은 TPM의 5S를 따라 만들어진 것으로, 5S란 정리(SEIRI), 정돈(SEITON), 청소(SEISO), 청결(SEIKETZ)을 습관화(SITSUKE)해 현장의 낭비와 무질서를 제거하는 현장 개선 활동을 말한다.

QSS를 시작한 지 6개월이 지났을 때 언제까지 청소만 하느냐는 불만이 터져나오자, 경영진은 기존의 TPM을 간소화해 전 사원이 쉽게 참여할 수 있는 반 단위의 마이머신 활동을 도입했다. 설비는 본래 공장의 것이지만 마이머신을 정하고 이름을 붙이면 그 순간부터 그 설비는 이름을 붙인 사람의 것이 된다. 그리고 사람은 본래 자기 물건에 더 애착을 갖고 보호하고자 하는 본능을 발휘하는 법이다. 이것은 효과를 발휘했고 마이머신 활동에 참여한 사원들은 하나같이 "설비는 원래 기름때가 끼고 고장 나게 마련이라는 고정관념이 깨졌다는 점에서 성공적인 활동이었다"고 평가했다.

그렇다고 마이머신 활동이 처음부터 성공적이었던 것은 아니다. 말을 물가로 몰고 갈 수는 있어도 물을 먹게 할 수는 없는 것처럼 QSS를 하면서 마이머신 활동을 펼쳐도 사원들이 하려고 하지 않으면 아무 소용이 없다. 세상에 20년 이상 묵은 기름때가 엉겨붙은 설비를 닦고 조이는 일을 신명나게 할 사람이 어디 있겠는가?

포스코에서는 간부들이 솔선수범에 나섰다. 머리가 희끗희끗한 간부들이 일회용 작업복을 입고 보안경과 방진마스크를 착용한 다음 설비에 끈끈하게 엉겨붙은 녹과 먼지를 제거했던 것이다. 공장 안의 후끈한 열기에 방진복이 작업복 위로 들러붙으며 무겁게 늘어져도, 묵은 녹을 떼어낼 때마다 먼지가 일어나 땀으로 범벅이 된 얼굴을 뒤덮어도 이들은 아랑곳하지 않았다. 본사에서 내려온 임원들도 반백의 머리칼이 땀과 먼지에 엉겨붙는 줄도 모르고 열심히 녹을 떼어내고 걸레질을 했다.

마침내 고철덩어리 같던 설비들이 몇 년에 만든 어떤 설비라는 이름표와 초록색 속살을 조용히 드러냈다. 이렇게 마이머신 활동을 마친 간부들은 공장 바닥에 앉아 배달시킨 도시락을 나눠먹으면서 서로의 얼굴에 들러붙은 검은 기름때를 가리키며 기분 좋게 웃었다. 이들의 마이머신 활동은 2006년과 2007년에 6개월마다 진행되었다. 이처럼 간부들이 솔선수범해 묵은 때를 벗겨내고 기름 범벅이 된 채로 배달시킨 도시락을 먹는 장면은 현장 개선 활동을 귀찮게 여기던 현장 사원들의 마음을 움직였고, 결국 제철소 내에 마이머신 열기가 빠르게 퍼져나갔다.

마이머신 활동은 근무시간이 끝난 뒤에도 계속되었다. 일과 중에는 설비를 돌려 생산을 하고 일과가 끝난 뒤에는 자기 시간을 써가며 설비의 기름때를 닦고 먼지로 얼룩진 바닥을 청소했던 것이다. 녹이 많이 나서 부식된 곳은 사포로 밀고 페인트칠을 해서

매끈하게 복원했다. 이렇게 해서 20년이나 묵었던 먼지를 벗겨내자 공장은 마치 새 집처럼 환해 보였다.

이구택 회장과 정준양 사장은 먼지가 수북하던 설비가 물레방아가 도는 정원으로 바뀐 것을 직접 확인했다. 그리고 그 자리에서 혁신의 단맛을 체험한 사원들과 함께 콩국수를 말아먹고 시원한 수박화채를 나눠먹으며 격려했다.

현장에서 시작된 마이머신 활동은 점점 비제조분야로 확대되었다. 이른바 넥타이 부대로 불리는 본사 사무사원들이 7~8명씩 조를 이뤄 양대 제철소에서 일주일간 마이머신 활동을 했던 것이다. 예쁘게 화장을 하고 온 여사원의 얼굴도 어느새 먼지로 뒤덮이고 평소에 하지 않던 삽질과 걸레질에 온몸이 쑤시는 고단한 일주일이었지만 그들은 돌아가는 버스에 오르며 오히려 겸손한 말을 남겼다.

"현장 혁신이 이렇게 어렵고 힘들다는 걸 지금껏 몰랐다는 것이 어찌나 미안하던지 몸 둘 바를 모르겠더군요. 비록 일주일밖에 안 되지만 우리가 흘린 땀방울이 현장 혁신에 작은 도움이 되었으면 좋겠습니다."

이렇게 전사적인 협조를 얻어 진행된 3년간의 QSS 활동은 포항제철소와 광양제철소의 현장 분위기를 완전히 바꿔놓았다. 도전과제 연구로 기술 개발이 빨라진 것은 물론, 깨끗하게 개선된 현장은 고품질의 강판을 만들어내기에 적합한 환경으로 변모했던 것이다.

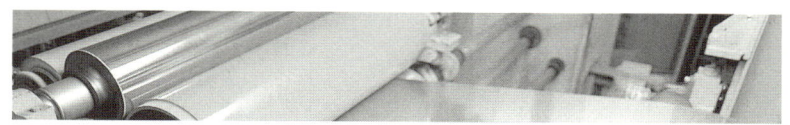

모든 일을 눈에 보이도록 드러내라

열 심 히 일 했 는 데 도 성 과 가 없 는 이 유

식스시그마와 QSS로 기술 개발이 속도를 얻고 설비들도 제 색깔을 찾아가자 현장 분위기는 날로 좋아졌다. 하지만 현장이 여전히 눈코 뜰 새 없이 바빴던 탓에 종종 예기치 않은 돌발 업무가 발생해 며칠 밤을 새우는 일도 있었다.

"프로젝트는 많은데 인원이 너무 모자랍니다."

"일상 업무에 치여 혁신 업무를 할 시간이 절대적으로 부족하니 일을 나눠주십시오."

"프로젝트를 이끌어가는 리더가 일을 제대로 이해하지 못해 성과가 나지 않습니다. 리더를 바꿔주십시오."

"왜 모든 업무를 나 혼자 해야 합니까? 나만 사원인가요?"

현장 사원들은 늘 일에 치이는 기분이라며 불평을 쏟아냈다. 우리보다 생산성이 높은 곳을 가보아도 우리만큼 바빠 보이지 않는데, 대체 무엇 때문에 우리 현장만 분주한 것일까? 우리가 일하는 방식에 어떤 문제점이 있는 게 아닐까? 고민하던 정준양 생산기술부문장은 기술개발가속화팀을 만들어 집중적으로 검토했고, 이를 통해 VP(Visual Planning)라는 새로운 작업 방식을 찾아냈다.

VP는 일본에서 시작된 것으로 우선 합의를 통해 어떤 일을 누가, 언제 할 것인가를 정한 후 월·주·일 단위로 상세하게 계획을 세워 보드에 적는다. 말 그대로 자신의 업무를 드러내는 계획 관리 프로그램이다. 이처럼 VP는 자신에게 맡겨진 일을 중요도에 따라 분리해 보드에 적는 것으로부터 시작된다. 정준양 생산기술부문장은 바로 이 점에서 VP가 포스코의 혁신에 반드시 필요하다고 판단했다.

물론 사원들은 아침마다 리더에게 지시받은 업무를 수첩에 빼곡히 적었지만 그것은 수첩 속의 계획일 뿐이었다. 중요도나 시급성을 고려하지 않고 자기 발등에 떨어진 일부터 처리하느라 정작 팀에서 최우선으로 생각하는 업무는 차일피일 미루기 일쑤였던 것이다. 이에 따라 사원들은 하루 종일 열심히 일했건만 팀 리더는 그들에게서 기대한 만큼 성과를 얻지 못하는 결과가 나타났다.

열심히 일하는 게 분명한데도 성과가 없는 이유는 무엇일까? 그것은 겉으로는 한없이 바빠 보이지만 그 속에 낭비가 숨어 있기 때문이다. 예를 들어 월요일부터 화요일까지는 일이 없어 놀다가 수요일부터 일이 몰렸다며 야근을 하는 경우가 있다. 야근을 하면 업무의 집중도도 떨어지고 마감이 임박한 탓에 심사숙고할 수 없어 결국 일의 질이 낮아질 수밖에 없다. 이 경우의 일처리는 그저 숙제를 마무리하는 정도밖에 되지 않는다. 또한 어떤 조직은 일거리가 너무 많아 밥 먹을 시간도 없는데, 또 다른 조직은 하루 종일 잡담이나 하면서 노는 경우도 드물지 않다. 이런 일이 발생하는 이유는 팀원 간에 업무 분담이 잘 이뤄지지 않았기 때문이다.

이러한 상황은 바쁘고 인원이 없다고 아우성치는 모습 속에 실제로는 손실로 나타나지 않는 많은 낭비가 산재해 있다는 것을 의미한다. 왜 이런 것이 제거되지 않는 것일까?

개인과 조직을 동시에 만족시키는 업무 방식

VP에서는 플래닝(Planning)이 대단히 중요한데, 플래닝이란 회사의 전략과 연계해 우리 부서, 우리 팀이 달성해야 할 목표를 정하고 그 목표 달성을 위해 구체적인 액션플랜(Action Plan)을 수립하는 것을 말한다. 이때 팀의 목표를 정하고 일을 나누는 것은 팀원 전체가 와글와글 토론을 통해 격의 없이 의논해서 결정한다.

업무를 플래닝할 때는 우선 팀원의 이름과 얼굴이 나열된 팀 비주얼 플래닝 보드(Team Visual Planning Board)에 목표를 명시하고 팀원의 활동을 분기, 월간, 주간, 일, 시간 단위로 쪼개 계획한 다음 소요되는 시간을 예상해서 보드에 표시한다. 이때 각각의 업무는 일상 업무, 혁신과 관련된 개선 업무, 그리고 갑자기 발생하는 비계획 업무로 구분해 서로 다른 색깔의 포스트잇으로 구분해 붙인다. 따라서 VP 보드에 붙여진 포스트잇의 색깔만 봐도 그 조직이 개선 업무를 많이 하는지 혹은 일상 업무만 붙잡고 있는지, 아니면 비계획 업무가 많은지 한눈에 알 수 있다. 이처럼 모든 일이 한눈에 드러나면 조직원들이 함께 한 방향을 향해 가고 있는지, 일을 제때에 잘 수행하고 있는지, 어떤 일에 집중하고 있는지 쉽게 알아볼 수 있다.

특히 리더가 VP 보드에 올려진 업무를 세심히 살펴보면 당장 반드시 해야 할 일과 지금 하지 않아도 될 일까지도 한눈에 드러난다. 따라서 불필요한 업무는 일을 시작하기 전에 미리 제거해 시간낭비를 줄일 수 있다.

이러한 VP는 계획을 잘 세우는 것도 중요하지만 자신의 업무가 제대로 되어 가는지 정기적으로 체크하고 업무의 개선점을 찾아내는 피드백도 중요하다. 하루의 일과를 마치면 개인은 VP 보드에서 실행한 업무와 하지 못한 일을 점검하고 내일 일에 반영한다. 이렇게 일주일이 지나면 팀원이 모여 팀의 한 주 업무를 리뷰하고 피드백한다. 이때 매일 반복하는 일상 업무의 경우에는 업무를 표준화하고 각 단위활동에 표준시간을 정해서 소요시간을 줄일 수 있는 방법을 찾아볼 수도 있다. 결국 VP는 개인의 일을 효율적으로 관리해 조직의 성과를 만들어내는, 다시 말해 개인과 조직을 동시에 만족시키는 업무 방식이다.

이외에도 매일 아침 간단한 VP 미팅에서 서로를 배려하고 소통하며 상하·수평 간에 신뢰하는 조직 분위기를 형성할 수 있다. 나아가 신입사원은 일을 관리하는 선배의 노하우를 짧은 시간에 습득해 업무 성과를 높일 수 있다.

하지만 VP를 처음 시행할 때는 플래닝의 개념 때문에 모두들 어려워했다. 무엇이 일상 업무고 또한 어떤 것이 개선 업무인지 구분하기 어려운 데다, 팀 리더는 리더대로 지금까지 해보지 않았던 상세한 계획 수립이나 매일 아침 VP 미팅을 통해 사원들의 업무를 조정하고 방향성을 제시하는 것이 쉽지 않았던 것이다.

사원들이 자신의 일을 시간단위로 쪼개 드러내는 것이 일을 하는 것보다 오히려 더 어렵다고 할 때마다 정준양 생산기술부문장은 "VP 활동은 항상 J커브를 그린다"는 말로 사원들을 독려했다. 이는 VP에 적응하기가 어려워 처음에는 업무 효율이 떨어지지만 플래닝에 익숙해지면 효율이 급격하게 올라간다는 의미다. 그러나 프로그램이 좋긴 해도 전사적으로 시작하기엔 어딘지 모르게 무리가 따르는 것으로 보였다.

정준양 생산기술부문장은 때마침 일을 바꿔 현장을 혁신한다는 목표 아래 적절한 모델을 찾고 있던 허남석 광양제철소장에게 VP를 시범운영하도록 했다. VP의 장점을 파악한 허 소장은 즉시 팀리더들을 통해 VP를 전파했다. 조직 관리의 효율을 높이기 위해 고민하던 팀리더들은 VP를 금방 이해했고, 이들이 부서별로 시범조직을 운영하면서 어렵긴 해도 조직에 맞게 최적화하며 확산되어 갔다. 팀리더들이 앞장서서 사원들의 과제를 함께 찾아주고 업무를 나누는 것을 도와주는 정성을 보였기 때문이다. 또한 그들은 VP 미팅 시간에 칭찬과 배려로 사원들을 감싸고 업무에 어려움이 없는지 세심하게 살펴주었다.

VP의 가장 큰 장점은 개인의 업무를 회사 전체의 비전에 맞춰간다는 것이다. 이를 통해 회사의 비전은 비전대로, 개인의 업무는 업무대로 나뉘어 시간을 낭비하는 일을 줄일 수 있다. 광양제철소 사원들은 '조직의 목표를 위해 내가 할 일은 무엇인가', '내가 하고 있는 일의 성과는 무엇인가'라고 질문의 넓이를 좁혀가며 차근차근 생각을 정리해 각자 자신이 할 일과 할 수 있는 일을 찾아냈다. 회사의 비전에 맞춘 일을 찾아 함으로써 개인의 일이 제 가치를 찾고 혁신과 하나가 되기 시작했던 것이다.

일의 개념이 바뀌자 일은 예전대로 하면서 혁신이라는 귀찮은 업무를 덤으로 맡는 듯한 과거의 잘못된 관행이 무너졌다. 물론 일상 업무를 해나가면서 개선 업무를 병행하는 것은 쉽지 않았지만 더할 수 없는 성취감을 안겨주었다. 사원들이 회사에 나와 매일 개선 활동을 한다는 것은 곧 혁신의 생활화를 의미했고, 광양제철소는 마침내 날마다 혁신하는 생산 현장으로 거듭났다.

VP를 도입한 이후, 포스코는 앉아서 하는 정보 공유 및 업무 점검용 일상회의를 아예 없애 버렸다. 그저 아침 근무를 시작하기 전에 VP 보드 앞에 모여 각자 자기 업무에 관한 이슈를 공유하면 아침 회의는 끝난다. 그 외에는 보드에 있는 정보를 각자 필요할 때 확인만 하면 된다. 휴가를 가는 것도 포스트잇을 붙여 알리자 사원들끼리 휴가 날짜를 자율적으로 조율하는 것이 한층 쉬워졌다.

  2009년 정준양 회장이 취임하면서 VP 활동은 열린 경영의 핵심 활동으로 선정돼 포스코 패밀리사 전체로 확대되었다. 더욱이 VP는 여러 해 동안의 경험을 통해 포스코 고유의 VP로 진화해 포스코의 새로운 작업 방식으로 확실히 자리를 잡았다. VP는 현재 농심, 웅진 같은 국내 기업으로 빠르게 전파되고 있다.

소통을 넘어 신뢰를 낳는 학습동아리

현장 사원을 한자리에 모으는 놀이마당

현장은 프로세스 중심으로 모이기 때문에 라인을 책임지는 파트장과 교대근무를 하는 사원들이 해당 프로세스의 효율을 극대화하고 성과를 창출하려면 현장의 이슈가 발생하는 즉시 경험과 지혜를 나누려는 노력이 필요하다. 하지만 포스코의 경우에는 24시간 가동하는 제철소의 특성상 근무조가 다르고 근무시간과 라인도 다른 탓에 문제해결을 위한 정보나 지혜를 나눌 기회가 별로 없었다. 이에 따라 현장 사원들은 어떻게 하면 시간과 공간의 제한을 넘어 효과적으로 아이디어를 공유할까 하는 고민을 하고 있었다.

사실 포스코는 오래 전부터 사원들의 각종 기술 검토 자료나 노하우를 공유하려는 의도로 지식동아리 KM(Knowledge Management)을 운영해왔다. 하지만 각종 기술 논문이나 보고 자료, 검토 자료는 현장에 문제가 발생했을 때 해당 문제를 해결하기 위해 만든 것이었기 때문에 현장 사원들이 활용하기에 그리 적합하지 않았다. 그러자 차라리 웹상에서 파트장 단위로 만나 의견을 교환하는 방법이 더 효율적일 것이라는 의견이 제시되었다.

때마침 포항제철소에서 이미 KM을 지식의 장을 넘어 소통의 장으로 끌어올 수 있는 방법을 연구하던 윤용철 상무가 광양제철소로 부임했다. 윤 상무는 광양 사무실에 짐을 풀기도 전에 광양제철소의 동아리 활동을 격려하며 학습동아리의 틀을 만드는 일에 돌입했다.

학습동아리는 현장에서 발생한 문제점이나 새로운 이슈를 게시판에 올리면 사원들이 서로 댓글을 달아가며 스스로 해답을 찾아가는 활동이다. 그런데 옛말에 하던 짓도 멍석을 깔아주면 하지 않는다더니 공식적인 토론의 장을 마련해주자 적극 참여하는 사람이 드물었다. 더욱이 교대근무자들은 근무 특성상 여러 사람과 자유롭게 토론하는 데 익숙하지 못했다. 늘 교대근무가 이뤄지는 생산 현장의 특성을 파악한 윤 상무는 사원들을 토론의 장으로 끌어내는 일이 매우 중요하다는 것을 간파했다.

제철소는 24시간 쉼 없이 돌아가야 하므로 교대근무가 원칙이다. 그런데 최신 설비가 갖춰진 제철소는 운전실에서 소수의 인력이 원격조종하는 형태로 근무가 이뤄지기 때문에 같은 부서라 해도 사원 전체가 한자리에 모여 이야기하기란 매우 어렵다. 심지어 파트장도 교대하는 사원을 모두 만나려면 1주일을 기다려야 할 때도 있다.

윤 상무는 이처럼 자주 만날 수 없는 사원들을 한자리에 불러 모을 수 있는 놀이마당으로 학습동아리를 만드는 일에 몰두했다. 우선 그는 기존의 KM에 여러 가지 프로그램을 첨가해서 만든 기본틀로 학습동아리를 구상한 다음 시범부서를 정해 운영해보았다. 그리고 처음 3개월간은 사원들을 학습동아리로 끌어 모으기 위해 많은 공을 들였다.

"학습동아리 게시판에 사원 생일을 올려놓으니 뜻밖에도 밤 근무에 들어온 동료가 축하를 해주었습니다."

"아들의 수능시험 때문에 휴가를 신청하니 아들의 좋은 성적을 기원해주는 공장장의 댓글이 달렸습니다. 정말 감사했습니다."

"이동기기를 혼자 운전하는 근무자입니다. 일의 특성상 업무 도중에는 누구하고도 이야기할 수 없습니다. 그래서 늘 외로웠는데 이제는 퇴근 후 학습동아리를 통해 동료들의 향기를 맡습니다. 댓글 좀 많이 달아주십시오."

학습동아리 게시판에 올려진 작은 사연에 진심어린 댓글이 달리고 그 댓글이 또 다른 댓글로 이어지면서 훈훈한 이야기들이 점차 현장 사원들 사이로 퍼져나갔다. 이렇게 해서 사원들의 관심을 학습동아리 게시판으로 모으는 데 성공한 윤 상무는 문제해결란을 만들어 현장에서 발생한 문제를 올려보았다. 쉬운 문제라 그런지 금방 댓글이 줄줄이 달리면서 미처 생각지도 못했던 해결책이 제시되었다.

이렇게 3개월간의 시범운영을 거쳐 학습동아리는 마침내 제철소 전체로 확대되었고, 그로부터 3개월 뒤에는 포스코 패밀리사들도 학습동아리에 동참하게 되었다. 결국 사원간의 수평·상하 간 소통과 신뢰 회복에 기여한 학습동아리는 포스코 패밀리사 사원들의 일상이 되었고, 국내 기업 중에서 현장과의 소통이 매우 잘 이뤄지는 기업으로 정평이 나는 데 핵심 역할을 하게 되었다.

누구와도 친해지는 따뜻한 소통 공간

학습동아리는 조직 간의 벽을 허무는 데도 큰 도움을 주었다. 특히 광양제철소는 외주파트너사와 '1과 1사 결연'을 맺고 외주파트너사의 사원들도 학습동아리에 적극 참여할 수 있도록 했다. 더러 글자판을 치는 것조차 어려워하는 사람도 있었지만, 꾸준히 교육을 받은 덕분에 댓글 달기는 물론 사춘기 자녀와 웹상으로 데이트를 해서 가족관계를 회복하는 사례도 있었다.

사실 거대한 조직에 파묻힌 포스코 사원들은 자기 일에만 몰두할 뿐, 동료들이나 상하 간에 별다른 교제의 필요성을 느끼지 못했고 탓에 소통이 제대로 이뤄지지 않았다. 학습동아리는 이처럼 자기표현에 서툴고 수줍음 많은 사람들에게 최고의 자기표현처가 되어주었다.

소소한 문제 하나를 올렸는데 뜻밖에도 직책보임자가 긴 댓글을 달아 해결방법을 자상하게 설명해주면 문제를 올린 사람의 마음속엔 따뜻한 물줄기가 흐르게 마련이다. 평소에는 가까이 하기가 어렵게만 느껴지던 상사가 아닌가. 하지만 댓글 속에 담긴 따뜻하고 소박한 마음을 느끼면 그 사람은 자신도 모르게 직책보임자를 향해 마음의 문을 열게 된다.

포스코에서는 상사와 부하, 운전과 정비로 나뉘어 상처를 입히고 입은 사람들, 동료와의 불화로 마음을 다친 사람들이 학습동아리를 통해 서로의 마음을 보듬는 사랑을 배웠다. 물론 처음에는 문제해결을 위한 학습동아리로 출발했지만, 점점 마음을 터놓는 소통의 장으로 활용되면서 공동체 의식의 발현으로 전 사원의 힘을 한데 모을 수 있었던 것이다.

"중국의 장가항에서 근무하는 사원도, 미국의 애리조나에서 교육을 받고 있는 부장도 학습동아리에 글을 올립니다. 광양제철소가 소통을 하는 데 밤낮, 동서양은 구분의 잣대가 되지 않습니다."

광양제철소 혁신지원그룹의 김명득 팀리더는 학습동아리가 어떻게 전세계에 흩어진 포스코인들을 한자리로 모으는가를 이렇게 설명한다.

이처럼 인터넷을 이용한 대화의 장에서 서로 마음을 터놓고 정보를 나누면서 포스코의 리더와 사원 사이에는 자연스럽게 신뢰가 쌓여갔다. 이제 학습동아리는 제철소 담장을 넘어 외주파트너사는 물론 포항과 광양, 서울 본사, 그리고 해외 지사의 사원들까지도 한자리에 불러 모으는 신명나는 놀이마당으로 발전했다. 포스코 가족은 거대한 멍석이 깔린 웹상에서 기쁨과 슬픔을 나누고 현장 개선 활동의 아이디어를 주고받으며 거리와 직책을 넘어 종횡무진 소통하는 새로운 세상을 살아가고 있는 것이다.

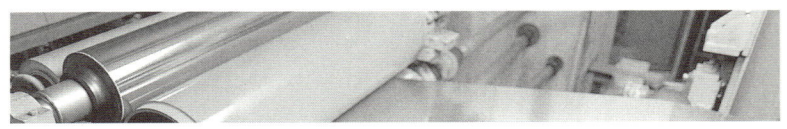

치열하게 학습하고, 또 학습하라

∙∙∙
　포스코가 뛰어넘고자 하는 일본제철의 역사는 100년이 넘는다. 그렇기 때문에 그동안 그들이 쌓은 기술력을 뛰어넘으려면 전 사원이 학습하고 또 학습하는 수밖에 없다. 그렇다고 뛰어넘어야 할 상대가 일본에만 있는 것은 아니다. 유럽의 엔지니어를 만나면 산업혁명 이후 그들이 발전시켜 온 문명의 힘이 결국 철의 힘이라는 것을 실감하게 된다. 그들 개개인이 갖춘 지식과 유럽 제철소의 연륜을 하루아침에 따라잡을 수는 없다.
　후발주자인 포스코는 그들을 따라잡기 위해 치열한 학습으로 역량을 키우지 않으면 안 되었다. 왜냐하면 현장에서의 개인의 능력은 일과 학습이 연계되었을 때 훨씬 큰 역량을 발휘하기 때문이다. 이것을 잘 알고 있는 포스코는 학습에 많은 관심을 기울였다.

그래서 그런지 포스코가 짧은 기간에 세계적인 기업으로 우뚝 선 이유를 분석한 어느 보고서는 "포스코 사원이 실행을 통해 학습한 덕분"이라고 평가하고 있다. 학습이 지식에 머물지 않고 일에 접목되어 성과를 나타내기까지는 상당한 노력과 시간이 필요하므로 꾸준히 오랫동안 학습을 해야 한다.

2008년 7월 27일, 광양에서 순천으로 향하는 도로가 꽉 막혔다. 그 전날은 평소에 북적이던 상가가 텅 비고 광양시에서 쉽게 만나볼 수 없는 대형가수의 디너쇼마저 사람이 없어 썰렁했다. 대체 무슨 일이 일어난 것일까? 흥미롭게도 그날 기계정비산업기사 자격증을 따기 위한 필기시험이 있었다. 그 전날 주변상가와 술집이 텅 비도록 공부에 열중한 사람들이 필기시험을 보기 위해 순천으로 향하는 바람에 도로가 꽉 막히는 사태가 벌어진 것이다.

혁신이 진행될수록 사원들의 좀 더 높은 역량이 절실해졌다. 예를 들어 마이머신 활동 중에 일어나는 사고의 근본 원인을 제거하려 해도 운전자가 설비에 대해 정확한 지식이 없으면 정비 전문가의 지원을 마냥 기다릴 수밖에 없다. 이는 운전자가 설비에 대한 전문지식을 갖추지 못할 경우 현장 개선은 더뎌지고 그만큼 혁신의 속도도 늦춰진다는 얘기다.

어떻게 하면 전 사원이 설비에 대한 전문지식을 갖추도록 할 수 있을까? 이러한 고심 끝에 찾아낸 것이 전 사원이 한국산업인력공단이 주관하는 기계정비산업기사 자격증을 갖게 하는 일이었다. 포스코는 보다 효율적인 사원 교육을 위해 제철소 내 학습 조직인 기술교육센터를 혁신지원그룹에 통합시키고 이름도 혁신지원센터로 바꾸었다. 혁신을 완성하려면 학습이 반드시 필요하다는 생각에 학습을 혁신그룹에 합류시켜 시너지 효과를 얻으려 했던 것이다. 경영진은 혁신지원센터에 막대한 예산을 배정해 교육동을 새로 짓고 교육 장비와 시설을 새롭게 갖추면서 학습에 박차를 가했다.

이번에도 리더들이 먼저 움직였다. 기계정비산업기사 자격증을 따기 위한 학습을 받기 위해 리더들이 혁신지원센터를 드나들기 시작했던 것이다. 이때 QSS 마스터들은 자신의 설비 지식을 나눠주기 위해 기꺼이 강사로 나섰다. 도시락으로 간단히 점심을 때운 뒤 사원들에게 이론을 가르쳐주는 QSS 마스터들의 열정에 감동을 받은 리더들은 더욱더 열심히 설비 공부에 매달렸다.

혁신지원센터에서는 아침 7시부터 밤 10시까지 운전, 정비, 제어, 계측, 유압, 공압 등 설비 6계통의 전문 강사들이 휴일도 없이 상주하며 사원들의 학습을 도와주었다. 그리고 현장과 이론을 넘나드는 이들의 가르침은 설비에 강한 인재를 육성해 현장을 개선하고 혁신의 속도를 내는 원동력이 되었다. 특히 QSS 개선리더로 뽑힌 사원들은 현장에 투입되기 전에 8일간 설비에 대해 집중 교육을 받았다. 외주파트너사 역시 회사별로 맞춤식 교육을 받으며 자기계발에 몰두했다.

사실 기계정비산업기사 자격증은 설비에 대한 공통의 언어를 만들기 위해 시작한 일이다. 아무리 현장 설비를 개선하려 해도 설비를 모르면 아무 일도 할 수 없기 때문이다. 한마디로 현장 개선은 열정만으로 이뤄지지 않는다. '아는 만큼 보인다'는 말은 문화재를 감상하는 데만 해당되는 것이 아니다. 설비 역시 아는 만큼 보이고 아는 만큼 개선할 수 있다.

기계정비산업기사 자격증을 따는 일은 이론과 실기 시험을 모두 통과해야 하는 결코 쉽지 않은 도전이다. 사원들은 제철소의 바쁜 일과를 마친 뒤에 혁신지원센터에 나와 설비를 배우는 것은 물론 동네 독서실에 모여 공부를 했다. 여름휴가 때도 책을 싸들고 가는 사원이 있는가 하면, 공부에 방해가 된다고 집안의 TV를 벽을 향해 돌려놓은 사원도 있었다.

흥미롭게도 사원 중에는 평생 기계를 만져본 적 없는 인문계 출신도 많았다. 그들은 난생 처음 설비를 분해하고 조립하면서 말할 수 없는 어려움을 겪었다. 도무지 뭐가 뭔지 알 수 없는 복잡한 회로도를 앞에 놓고 눈물을 쏟을 듯한 절망감을 느끼는 사람도 있었다. 그럴 때마다 학습지원센터의 강사들은 용기를 잃지 않게 격려하며 꼼꼼히 가르쳐주었다.

결국 기계정비산업기사 자격증을 따도록 한 첫해에 582명의 사원이 합격했다. 광양제철소는 자격증을 딴 사원들의 집으로 꽃바구니와 와인을 보냈고, 갑자기 꽃 선물을 받은 부인이 기뻐하자 남편의 어깨가 한껏 올라갔다고 한다. 나이 많은 아빠가 밤새워 공부한 끝에 기사 자격증을 따자 자극을 받은 아이들이 스스로 공부를 열심히 하는 뜻밖의 성과가 나타나기도 했다.

2008년 하반기에는 무려 4,000여 명이 원서를 내고 3,500명이 시험을 쳐서 2,000여 명이 합격했다. 사원 중 산업기사 시험 응시 가능생의 80퍼센트가 시험을 치러 40퍼센트가 기계정비산업기사 자격증을 획득한 것이다. 그중에는 설비나 기계 지식이 전혀 없는 주부사원 6명이 남편을 제치고 먼저 합격하는 일도 있었다.

회사에서는 이번에도 와인과 꽃바구니를 보내 축하했다. 한꺼번에 많은 꽃바구니를 배달하느라 배송업체가 된통 고생했다는 이야기와 함께 '왜 우리 집에는 와인 선물이 오지 않느냐'는 부인의 성화에 미처 시험을 치르지 못한 남편들이 애를 먹었다는 이야기가 제철소 안에 즐겁게 떠돌았다.

2009년에는 사원의 90퍼센트 이상이 기계정비산업기사 자격증을 취득했다. 이와 관련해 유재섭 한국산업인력공단 이사장은 광양제철소를 찾은 자리에서 "단일사업장에서 사원의 90퍼센트 이상인 4,500여명이 3년이라는 단기간에 국가자격증을 취득한 사례는 전무후무한 놀라운 성과입니다. 이러한 학습활동이 사원의 자신감으로 이어져 또 다른 자격증 취득을 위한 열기로 확대되는 모습 또한 매우 성공적인 학습활동 사례라고 할 수 있습니다. 이러한 사례가 국내의 많은 기업으로 전파되어 국가 경쟁력을 높이는 계기가 되었으면 합니다"라는 이야기로 격려하기도 했다.

이제 산업안전기사 자격증을 따기 위한 준비를 할 계획이다. 사실 기계정비산업기사 자격증을 따게 한 데는 자격증 자체보다 학습에 대한 동기를 부여한다는 더 큰 목적이 있었다.

흔히 포스코에 입사한 사람은 우수하다고 말한다. 그러나 입사 후 10년, 20년이 지난 사원이 계속 우수사원으로 남는 것은 입사 성적이 좋아서가 아니다. 오늘날의 포스코를 만든 우수사원은 끊임없는 재교육으로 탄생한 것이다.

끊임없는 교육만이 사원들의 능력을 향상시키고 그 힘이 바로 혁신의 바탕이 된다. 또한 학습은 조직의 성과를 창출해낼 뿐 아니라 개인의 발전을 위해서도 훌륭한 비전이 된다. 이것을 잘 알고 있는 포스코는 현장 사원을 설비에 강한 오퍼레이터(Operator)로 육성해 현장에서 끊임없이 자발적 개선을 생활화하는 지식 근로자로, 엔지니어는 문제해결 및 관리 능력을 겸비한 문리 통섭형 인재로 육성하려 한다. 포스코는 앞으로도 계속 사원들의 교육에 아낌없이 투자하면서 글로벌 넘버원이 되기 위한 고단한 길을 함께 걸어갈 것이다.

나는 자 위에 노는 자가 있다

   •••

  포스코에는 아이가 아니라 어른을 위한 놀이방이 있다. 사원들은 근무시간에 놀이방에서 놀거나 쉬어도 상사에게 꾸지람을 듣지 않는다. 그렇다고 회사 밖으로 나가서 노는 것은 결코 아니다. 포스코의 창의 놀이방 '포레카(POREKA)'에서 쉬고 노는 것이다. 포레카란 포스코와 아르키메데스가 목욕을 하다가 알몸으로 뛰쳐나와 '알았다'고 외친 그리스어 유레카를 결합한 것으로, 이곳에서는 전 사원과 그들 가족의 창의력 향상, 그리고 창의 문화 조성을 위해 재미와 학습이 동시에 제공된다.

  갈수록 경쟁이 가속화하는 글로벌 경영 환경에서 기존 사업을 재해석하고 변화에 새로운 방식으로 접근하려면 무엇보다 기업의 창조적 전환(Creative Transformation) 능력이 필수적이다. 창조적 전환으로 다른 기업이 생각지 못한 독점적 가치를 창출해내는 기업이 업계를 선도하는 유리한 위치를 선점할 수 있기 때문이다.

정준양 회장은 취임 직후부터 창조 경영을 '3대 경영 철학'의 하나로 제시하면서 창조 경영의 핵심은 곧 사원들이 얼마나 창의적으로 일하는가에 달려 있다고 강조했다. 이를 위해 포스코는 창의적인 인재를 육성하고 그들의 창의적인 아이디어가 빛을 발하는 문화를 조성하는 데 집중했다.

창조는 재미, 흥미, 즐거움에서 나온다. 평소에 "나는 자 위에 노는 자 있다. 모든 일은 재미가 있어야 스스로 한다. 놀면서 창조하라"는 소신을 피력했던 정 회장은 포스코 문제해결의 장으로 학습과 놀이를 결합한 포레카를 만드는 데 적극 앞장섰다.

우선 포스코센터 4층 전체를 통합해 1,190㎡(360평) 규모의 사원 놀이방을 만들었다. 이곳에는 1,000여 권의 책이 비치된 북카페, 방바닥에 누워 쉬거나 이야기를 나눌 수 있는 사랑방과 다락방, 악기 연주와 댄스 그리고 영상물 시청이 가능한 브레인 샤워룸을 비롯해 단어 게임이나 사이버 게임을 즐길 수 있는 게임 공간이 마련되어 있다.

즐거운 직장 문화를 만들기 위해서는 일과 후에 삼겹살 파티를 여는 것이 최고라고 생각했던 최 부장은 포레카를 이용한 후 생각을 완전히 바꿔버렸다.

"그룹장님, 손목에 스냅을 가하셔야죠. 왜 이러시나, 아마추어같이······."

김 대리의 얄미운 지적에도 최 부장은 속수무책으로 사이버 테니스 게임에서 지고 있었다.

"김 대리, 내가 더 연습해서 다음엔 꼭 이길 거야, 알았지? 하하하."

오랜만에 호탕하게 웃는 최 부장의 모습에는 직장상사의 엄한 권위는 어디에도 보이지 않았다. 겨우 10여 분 정도 게임을 했을 뿐인데 최 부장은 부하사원과의 친밀감이 한층 더해지고 있음을 느끼고 있었다.

포스코 사원들은 무언가 잘 풀리지 않는 일이 있거나 왠지 분위기가 어색하면 곧바로 포레카를 찾는다.

"오늘 회의는 포레카 수다방에서 하죠. 빨리 예약해요. 비어 있는지 모르겠네."

포레카의 분위기가 좋아서 몸과 마음이 여유를 찾기 때문인지 사원들 스스로가 어려운 문제를 술술 풀어내다 보니 그 맛에 자꾸만 포레카를 찾게 되는 것이다. 포레카는 점심시간은 물론 일과 후나 주말에도 사원과 그들의 가족으로 붐빈다.

한동안 음악을 잊고 산 원료구매실의 한종록 팀장은 박수연 소리얼 필하모니오케스트라 바이올린수석이 해설과 곁들여 직접 연주하는 4곡의 음악을 듣고 다시금 음악에 심취하기 시작했다. 포레카에서 사내 동호인 그룹이나 음악을 전공하는 전문가들의 작은 음악회가 열리면서 짧지만 상쾌한 휴식을 맛보게 된 것이다.

하루 일이 끝나면 사원들은 포레카에 모여 동호인 활동을 하며 즐거운 시간을 보낸다. 오늘은 사진 동호회가 한바탕 눈을 즐겁게 해줄 아이디어를 찾고, 내일은 클래식 악기 연주 동호회가 귀를 즐겁게 해줄 아이디어를 찾으며 삶의 비타민을 듬뿍 섭취한다. 특히 주말에는 사원들의 가족을 위해 미술 놀이마당, 마술쇼 등이 열린다.

사원들이 창의력을 키우고 마음껏 창의적인 사고력을 발산할 수 있는 공간이 포스코센터뿐은 아니다. 광양제철소 제선부에도 사원들이 쉬고 즐기고 학습할 수 있는 공간으로 '오페라'가 만들어졌다. 이곳은 현장 사원들의 다양한 아이디어를 바탕으로 현장 기기와 부속품을 재활용해서 만들어졌으며, 사이버 스포츠 경기도 가능해 사원들의 스트레스 해소 및 휴식을 돕고 있다.

일의 능률을 높이려면 재미가 있어야 한다. 이제 포스코는 딱딱한 철강기업의 이미지를 탈피하고 진정한 창조 경영을 위해 자유로움과 즐거움, 그리고 혁신이 어우러진 새로운 학습 문화 다지기에 도전하고 있다.

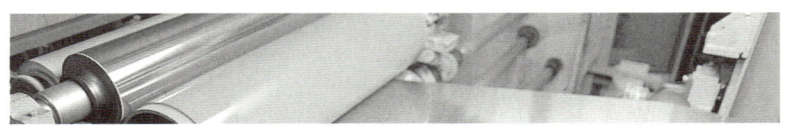

연구원의 30%를 현장으로 보내라

기 술 과 속 도 를 동 시 에 잡 는 다

조찬모임, 비전 선포식과 워크숍, 현장 멘토링 등 사원들과 지역사회를 하나의 비전으로 아우르는 것에는 성공했지만 기술 개발 속도는 더디기만 했다. 경영진은 하루가 다르게 치솟는 원가와의 싸움에 속이 바짝바짝 타들어가는 와중에도 도요타자동차에 입성하기 위한 기술 개발을 독려하며 시간과 치열하게 전쟁을 벌였다. 원가 압박을 이겨내는 것은 물론 일본 철강업계와의 경쟁에서 살아남으려면 기술을 획기적으로 발전시켜야 하는데 속도가 나지 않으니 혁신을 끌고 가는 리더들의 마음이 초조해지는 것은 당연했다.

여기에다 일본의 철강업계가 포스코를 심하게 견제하기 시작했다. 특히 광양제철소가 자동차 강판 전문 제철소의 비전을 선포한 후에는 도금부 등 최고급 자동차 강판과 관련된 분야는 견학이 완전 금지되었다. 2006년만 해도 자동차 강판 제조 능력에서 일본에 많이 뒤처져 있던 광양제철소는 할 수 없이 기본적인 품질지표만이라도 일본을 따라잡기 위해 품질 향상에 집중하기로 했다. 비전을 선포한 후 광양제철소의 기술 개발 방식이 식스시그마 도전과제로 바뀌었던 것이다.

도전과제는 제철소의 비전을 실현하기 위해 가장 중요하고 시급한 것들로 선정했다. 일단 도전과제가 정해지자 과제를 수행할 사람을 선정하는 문제가 남았다. 분야별로 도전과제 연구에 가장 적합한 사람을 찾아내야 하는데 그게 말처럼 쉽지 않았다. 도전과제에 참가하는 사람은 일상적인 업무에서 완전히 손을 떼게 하겠다고 하자 부장, 실장들이 좀처럼 자기 사람을 내주려 하지 않았던 것이다. 또한 도전과제팀에 뽑힌 사원들도 프로젝트가 끝난 뒤 복귀할 자리가 없는 것은 아닌지 걱정하며 망설였다.

이를 해결하기 위해 광양제철소는 부·실장 승진을 하려면 반드시 프로젝트 리더를 거쳐 개선 능력을 검증받도록 했다. 또한 프로젝트 리더를 직책보임자 수준으로 위상을 올려주는 등 엔지니어로 성장하기 위해 반드시 거쳐야 하는 코스로 만들었다.

일단 도전과제와 리더를 선정한 다음에는 경영진의 지속적인 관심과 지원이 필요하다. 경영진이 도전과제가 진행되는 과정을 주간 혹은 월간 단위로 멘토링하고 과제의 걸림돌을 직접 제거해주어야만 도전과제가 성공할 수 있기 때문이다.

도전과제를 시작하고 나서 서너 달이 지나자 리더들이 몹시 힘들어했다. 제철소장의 과제 멘토링을 받으면 빨리 성과를 내야 한다는 압박감으로 잠을 이루기 어려울 정도로 스트레스를 받았던 것이다. 그러자 임원들이 팔을 걷어붙였고 이들은 리더가 해결하지 못한 문제를 하나씩 풀어가기 시작했다. 임원들의 지원사격으로 부서간의 벽에 가로막혀 진전을 보지 못하던 문제가 하나둘 제거되자 예상치 못한 성과가 나타나기 시작했다.

이처럼 도전과제팀의 성공사례가 늘어나면서 엔지니어를 차출하는 데 부정적이던 부·실장들도 부서의 핵심 인재를 과감히 도전과제에 투입하기 시작했다. 덕분에 17개 과제로 시작된 도전과제는 해를 거듭하면서 수십 개로 늘어났다.

일하는 방식을 혁신한 식스시그마 도전과제

광양제철소는 도전과제를 시작하면서 전에 없이 혁신적인 방법을 시도했다. 도전과제팀에 뽑힌 30퍼센트의 엔지니어를 기존의 일상 업무에서 완전히 제외해(Off-Job) 오로지 도전과제에만 전념하도록 했던 것이다. 30퍼센트나 되는 엔지니어가 일상 업무에서 무조건 손을 떼고 도전과제에 전념하게 되자, 사원들을 도전과제팀으로 보내야 하는 부장들의 불만이 여기저기서 불거졌다. 30퍼센트의 엔지니어를 도전과제팀으로 보내버리면 그동안 수행하던 업무를 누가 해낼지 걱정이 앞섰던 것이다.

하지만 엔지니어들이 빠져나간 공백은 가치 없는 일을 줄이고 업무의 효율성을 높이면서 자연스럽게 해결되었다. 기존에는 엔지니어들이 일상 업무와 식스시그마 업무를 병행했는데, 그러다 보니 도전과제와 관련된 기술 개발이 지연되기 일쑤였다. 또한 일상 업무를 처리하면서 정해진 기간 내에 과제를 완결시키려 애쓰다 과제의 질이 떨어져 반쪽짜리 기술이 되는 경우도 많았다.

엔지니어를 일상 업무에서 완전히 벗어나도록 해주는 혁신적인 조치는 곧 눈부신 기술 개발의 성과로 나타나 수많은 연구가 속속 열매를 맺었다. 덕분에 자동차 강판 기술 개발 속도에 박차를 가할 수 있었다.

도전과제가 성공하면서 회사의 모든 인재가 한자리에 모여 자동차 강판을 연구하는 도전과제센터를 마련하는 일이 시급해졌다. 제선, 제강, 도금 등으로 나뉘어 연구할 게 아니라 한자리에 모여 머리를 맞댄다면 한층 더 시너지를 낼 수 있을 것이라 판단했기 때문이다. 도금에 평생을 바친 조뇌하 상무는 곧바로 연구센터를 짓는 일을 서둘렀다.

이렇게 해서 지어진 자동차 강판 기술개발센터는 온통 패널로만 지어진 광양제철소의 건물들 사이에서 유난히 눈에 띈다. 최신 기술을 연구하는 만큼 이 센터는 철저한 보안장치를 통과해야만 안으로 들어갈 수 있으며, 이곳에서 각 부서의 엔지니어들이 머리를 맞대고 도전과제를 연구한다. 특히 최고급 자동차 강판을 만들기 위한 각종 도전과제는 6개월에서 1년 단위로 그 수위를 높여가며 기술개발센터를 열정으로 가득 채우고 있다.

  이들이 쏟아내는 연구 성과들은 회사를 키워주는 것은 물론 사원들의 사기를 높이는 데도 한몫을 하고 있다. 무엇보다 도전과제에 참여한 사원들이 남다른 성공 체험으로 새로운 일에 도전할 의욕을 불태우면서 현장 분위기를 긍정적으로 바꿔놓고 있다. 나아가 도전과제에 참여하는 엔지니어와 연구원들이 늘어나면서 일하는 방식 역시 바뀌고 있다.

하나의 비전, 하나의 혁신

...
    포스코에는 수많은 외주파트너사가 있다. 이들은 일반적으로 협력업체로 불리지만 포스코는 함께 상생을 추구한다는 의미에서 외주파트너사라고 부른다. 사실 포스코의 외주파트너사는 제철소 사원 숫자보다 더 많다.

  제철소 혁신 활동을 이끈 허 소장은 혁신이 성공하려면 외주파트너사도 똑같이 참여해야 한다고 생각했다. 자동차 강판을 만드는 일을 함께하는 이상, 비전을 향해 함께 가는 것이 당연하지 않은가. 실제로 포스코의 외주파트너사는 비전 선포식이나 제일모직, 도요타자동차, 호주의 BSL제철소를 돌아보는 일도 함께하며 가나안 농군학교에 입소해 정신교육을 받는 일도 제철소 사원들과 똑같이 한다. 외주파트너사는 말 그대로 파트너다. 따라서 외주파트너사의 도움이 없으면 품질을 개선할 수도 없고 도요타에 납품할 강판을 만들 수도 없는 게 엄연한 현실이다.

포스코는 QSS를 통한 현장 개선 활동, 학습동아리 등 모든 활동에서 외주파트너사와 함께하며 제철소 사원들과 똑같이 교육시키고 있다. 글로벌 넘버원 자동차 강판 전문 제철소가 되려면 인재양성이 반드시 필요하고 그것은 외주파트너사 역시 마찬가지이기 때문이다.

사실 학습동아리를 실용화하기 위해 모든 외주파트너사를 교육시키는 일은 생각보다 쉽지 않았다. 컴퓨터에 숙달된 포스코 사원들과 달리 외주파트너사 사원들의 컴퓨터 사용 능력은 그야말로 각양각색이었던 것이다. 하지만 제철소에서 파견된 사원들은 컴퓨터에 관한 기초에서부터 학습동아리를 만들기까지 정성을 다해 그들을 가르쳤다. 그 결과 컴퓨터를 켤 줄도 몰랐던 나이 많은 사원들이 독수리 타법으로 학습동아리에 댓글을 달면서 말할 수 없는 뿌듯함을 맛보았다는 얘기도 들려왔다.

비록 컴퓨터를 능숙하게 다루지는 못했지만 현장에서 수십 년을 살아온 그들에게는 젊은 사원들이 알지 못하는 설비 노하우가 있었다. 덕분에 학습동아리에 올라온 문제점을 읽고 노련한 경험을 살려 문제해결 방법을 올려놓은 뒤, 젊은 사원들과 CEO의 격려를 받으며 일찍이 느껴보지 못한 보람을 찾은 사람도 많았다.

포스코의 외주파트너사는 대개 사원 수가 100~200명이다. 이렇듯 규모가 작다 보니 외주파트너사 CEO들은 사원 한 사람 한 사람을 가족처럼 생각하는 가족 경영을 펼친다. 그것은 학습동아리 활동에서도 고스란히 나타났다. CEO들이 자기 회사 사원들이 활동하는 학습동아리에 들어가 사원들의 글에 일일이 칭찬과 격려의 댓글을 올려주었던 것이다. 이렇게 회사의 CEO가 댓글을 통해 사원들에게 보여주는 관심과 사랑은 학습동아리에 대한 열정을 더욱 불붙게 만들었다.

외주파트너사 중에 조경을 담당하는 광양조경이란 곳이 있다. 이 회사는 제철소 안의 나무와 잔디를 가꾸고 주택단지의 꽃나무도 관리한다. 소규모 도시만 한 크기의 제철소에 계절마다 다른 꽃을 피우고 잔디를 푸르게 관리하는 일에 무슨 혁신이 필요할까 싶지만 그들도 제철소에서 파견된 사원들에게 QSS와 학습동아리를 교육받았다.

"잔디밭에 물 주는 방법이 바뀌었네요. 언제 이렇게 자동화 시설을 만드셨어요?"라고 인사하는 포스코 사원과 그들의 가족에게 광양조경 사원들은 이렇게 대답했다.

"학습동아리로 개선했거든요. 저희도 학습동아리를 한답니다."

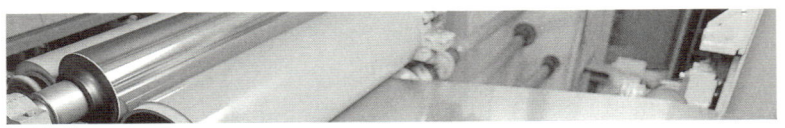

업무 몰입도를 극대화한 문서 혁신

기획이든 보고든 기업의 업무는 대개 문서로 이뤄진다. 또한 문서로 성과를 분석해 평가하고 창의 결과를 보존한다. 한마디로 기업의 업무는 문서화 활동이라고 할 수 있다.

포스코에서도 하루 일과의 60퍼센트 이상이 문서 작성에 쓰인다는 통계가 있을 만큼 매일 수많은 문서를 작성한다. 그런데 수명을 다한 문서가 제때에 폐기되지 않은 채 새로운 문서가 계속 늘어나다 보니 문서가 매년 50퍼센트 이상씩 증가해 해마다 PC 공간을 늘려야 했다. 더욱이 회사의 문서가 개인 PC에 저장돼 사유화하면서 회사의 지적 자산을 사원끼리 공유하지 못하는 문제도 발생했다. 중요한 정보가 누구의 PC에 가장 많이 들어 있는지 아는 것이 일을 잘하는 방법이 될 정도로 정보의 사유화가 심해졌던 것이다.

이에 따라 포스코 본사는 불필요한 문서를 없애고 정보를 공유화하도록 하는 동시에 기업 정보의 보안을 철저히 유지할 수 있는 문서 혁신을 서둘렀다. 물론 데이터베이스에서 문서를 공유하면 누구나 필요한 정보를 편리한 시간에 이용할 수 있다. 하지만 기업의 모든 정보를 데이터베이스화하면 정보가 유출될 위험이 있으므로 철저히 보안을 유지해야 한다. 따라서 공개하지 않아야 할 자료가 공개되지 않도록 정보 이용에 철저한 보안등급을 적용하는 절차를 마련할 필요가 있었다.

하루는 임원 보고를 서두르며 이종열 제선부장이 기술팀장에게 물었다.

"기술팀장, 지난번에 검토한 생산원가 전망 내용을 수정해야 할 것 같은데 지금 볼 수 있나?"

"그 내용을 검토한 송경석 과장이 중국 출장 중인데 내일 오후에 귀국합니다. 그 뒤에 보고 드리면 안 될까요? 아니면 지금 명경준 대리에게 다시 시키겠습니다."

"그럼 지난번 임원 보고 자료라도 가져오게."

"부장님, 그때 보고한 것이 버전12였나요? 파일명에 최종도 있고 수정도 있는데 어느 것이 임원 보고에 쓰였는지 잘 모르겠습니다."

이런 방식으로는 기술 개발 속도를 향상시키기는커녕 현상 유지도 어렵겠다는 생각이 든 이 부장은 본사에서 준비 중인 문서 혁신 시스템을 먼저 시행할 수 있도록 해달라고 요청했다. 이때 본사에서는 문서 혁신을 위한 전담팀을 신설해 적극 지원에 나섰다.

이들은 먼저 개인 PC에 저장된 문서 중에서 그 수명을 다했거나 중복된 문서를 정리하는 5S 활동을 추진했다. 이어 개인 PC에서 정리되고 남은 문서들을 회사 공용 데이터베이스에 올려놓고 2차 중복 문서를 정리했다. 그러자 개인 PC에 들어 있던 문서가 무려 80퍼센트 이상이나 삭제되었다. 동시에 문서를 회사 공용 데이터베이스에 보관해 공유화하자 개인이 자유롭게 접근할 수 있는 정보의 양이 300퍼센트나 증가했다. 회사 인트라넷에 연결되기만 하면 언제 어디서든 개인 보안등급에 맞춰 조직 정보에 접근할 수 있게 된 것이다.

특히 문서 공유화는 일상 업무 속에 숨어 있던 '대기 시간'을 말끔히 해소해주었다. 기존에는 담당자가 휴가를 떠나면 그가 맡았던 업무는 그가 돌아올 때까지 기다리거나 다른 사원이 그 일을 처음부터 다시 시작해야 했다. 하지만 문서를 공유하면서 담당자가 없어도 그의 문서를 확인할 수 있었고, 경영진 역시 따로 보고를 받지 않아도 문서 저장고의 공유 문서를 통해 수시로 진행 상황을 살필 수 있었다. 덕분에 업무 보고를 위해 임원실 앞에서 대기하는 시간이 줄어드는 것은 물론, 별도 업무 파악을 위한 회의도 줄어 사원들의 업무 몰입도가 높아졌다.

문서 혁신의 첫 단계인 문서 5S 활동이 진행되자 여기저기서 우려의 목소리가 흘러나왔던 것도 사실이다. 한 기술팀장은 '누군가가 갖고 있겠지' 하는 생각으로 자료를 삭제해 혹시 우리의 고유 기술 노하우까지 버려지는 것은 아닐지 걱정했다. 하지만 이러한 고민은 노하우를 집대성해 종합지식으로 만드는 활동을 병행하면서 기우임이 드러났다. 오히려 여러 문서로 흩어져 있던 기술이 이 기회를 통해 하나로 모이고 여기에 최신 기술까지 더해져 포스코의 고유지식으로 자산화했다. 그 결과 2008년 포스코는 전년대비 무려 10배가 증가한 500여 건의 종합지식을 창출했다.

손병연 과장은 그간의 어려움을 간단히 들려주었다.

"처음에는 문서 정리를 왜 하느냐는 불만이 쏟아져 나왔습니다. 일일이 확인하고 채근하는 리더의 열정이 없었다면 모두들 귀찮아서 도중에 그만두고 말았을 겁니다. 그런데 일단 포스코 문서 탐색기를 설치하자 이용이 무척 편리해졌고, 개인 PC에 쌓여 있던 문서를 정리하면서 마치 새 집으로 이사한 듯 상쾌했습니다."

이러한 문서 혁신 모델 운영은 많은 성공사례를 만들어내며 다른 부서로 전파되었고, 혁신을 시작한 지 8개월 만에 포스코 전사로 확산되었다.

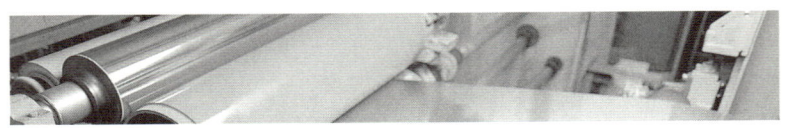

온리 포스코 웨이, 혁신의 삼각형

․․․
　포스코는 포스코형 혁신 모델(PSSM, POSCO Six Sigma Model)의 두 축인 식스시그마와 QSS 활동을 기본으로 일하는 방식을 현장 조직에 맞게 변화시켰다. 일과 혁신, 학습을 일체화한 것이다. 일과 혁신, 혁신과 학습을 서로 연계하지 못하면 혁신에 성공하기 어렵다. 일의 성과를 높이기 위한 방법론이 혁신이고 곧 학습이다. 따라서 혁신과 학습은 일 속에 자연스럽게 스며들어야 한다.
　포스코는 우선 회사의 비전 달성을 위한 전략을 세우고, 이에 따른 조직의 실행 계획은 팀원 전원이 참여하는 와글와글 토론회를 통해 창의적으로 찾아낸다. 이처럼 자신이 직접 찾아내는 과정을 거치면 사원들은 업무에 주인의식을 갖게 되어 몰입도가 높아지고, 회사의 비전에 참여한다는 점에서 일에 대한 보람도 엄청나게 커진다.

　확정된 실행 계획은 개인별로 분기, 월, 주, 일일 계획을 구체화해 사무실에 있는 VP 보드에 가시화한다. 그리고 공장장 및 팀의 리더는 매일 아침 업무 시작 전에 VP 미팅을 통해 구성원간의 일의 부하를 조정하고 개인별 일간, 주간 계획을 제때에 수행하도록 끊임없이 피드백한다. 포스코에서는 이를 '업무의 가시화'로 정의하고 있다.

　또한 '개선 실행'은 일을 수행하는 과정에서 회사 전략과 연계해 가장 중요하고 시급하게 개선해야 할 과제 혹은 문제를 수행하는 것을 말한다. 이를 위해 엔지니어는 식스시그마 도전과제를 통해 핵심 기술력을 향상시키고 현장 사원은 QSS 과제와 마이머신 활동이 결합한 QSS를 실행한다.

　'학습 활동'의 목표는 일과 혁신의 수행 역량을 향상시키기 위한 평생 학습으로 문리를 통섭한 연구원 수준의 엔지니어와 설비에 강한 엔지니어 수준의 지식 근로자를 육성하는 데 있다. 엔지니어는 자신의 기술 업무 영역과 관련된 분야의 전문기술사 자격 취득을 위한 학습 및 혁신 통합과제 수행을 통해 문제해결 역량을 지속적으로 높여간다. 그리고 현장 사원들은 업무 수행에 필요한 기초 공학 습득과 설비 6계통을 이해하는 기계정비산업기사 등 직무 역량과 연계된 자격 획득으로 역량을 끌어올린다. 포스코에서는 전 사원이 이러한 학습 목표를 자신의 학습 및 역량 향상 목표로 선정해 스스로 관리하도록 PSC(Personal Score Card)를 작성하여 실행하게 한다.

일과 혁신, 학습의 일체화를 통해 고성과를 올리는 조직이 되고, 그 조직이 지속적으로 유지되도록 하려면 사원들의 자발적인 참여가 무엇보다 중요하다. 물론 이것은 전적으로 리더십에 달려 있다. 리더가 사원들과 스스럼없이 대화하고 그들의 말을 경청하며 합리적이고 스마트하게 일을 이끌어가야만 사원들이 마음을 열고 행동 변화를 일으키기 때문이다. 사원들에 대한 세심한 배려와 개별적인 관심은 사원들이 혁신에 마음을 열고 자발적으로 참여하게 만드는 원동력이 된다.

그동안 포스코는 언젠가 닥쳐올 철강산업 위기 국면을 대비해 지속적으로 품질을 개선하고 고객에게 불량품이 출하되지 않게 하는 품질 보증 프로세스를 구축하는 등 품질 향상 노력을 꾸준히 전개해왔다. 그리고 이제 포스코는 혁신 삼각형을 토대로 고객 감동을 위한 '글로벌 품질 경영 체제'로의 변신을 꾀하고 있다. 덕분에 포스코의 제품은 전 세계 철강 시장에서 품질 면에서도 세계적인 수준으로 인정받고 있다.

2008년 세계 경제위기 이후 품질에 대한 고객들의 관점이 서서히 변하기 시작했다. 이에 따라 범용강은 중국 등 후발 밀에서 구입하고 생산이 어렵고 품질이 엄격한 고급강은 포스코에 주문하고 있어 고급강 개발을 위한 기술 개발의 효과를 톡톡히 보고 있다. 혁신 삼각형의 위력은 또 다른 곳에서도 발휘되고 있다. 포스코의 글로벌 정책에 따라 많은 공정이 해외 생산기지로 옮겨가는

혁신의 삼각형

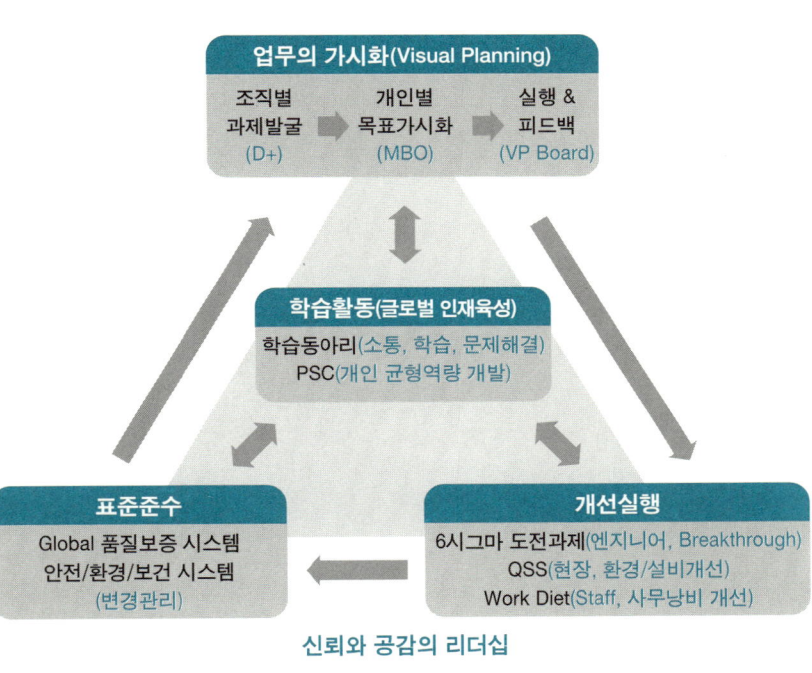

과정에서 혁신 삼각형이 품질 경영을 토대로 한 글로벌 포스코웨이를 정착시키는 핵심 활동으로 쓰이고 있는 것이다.

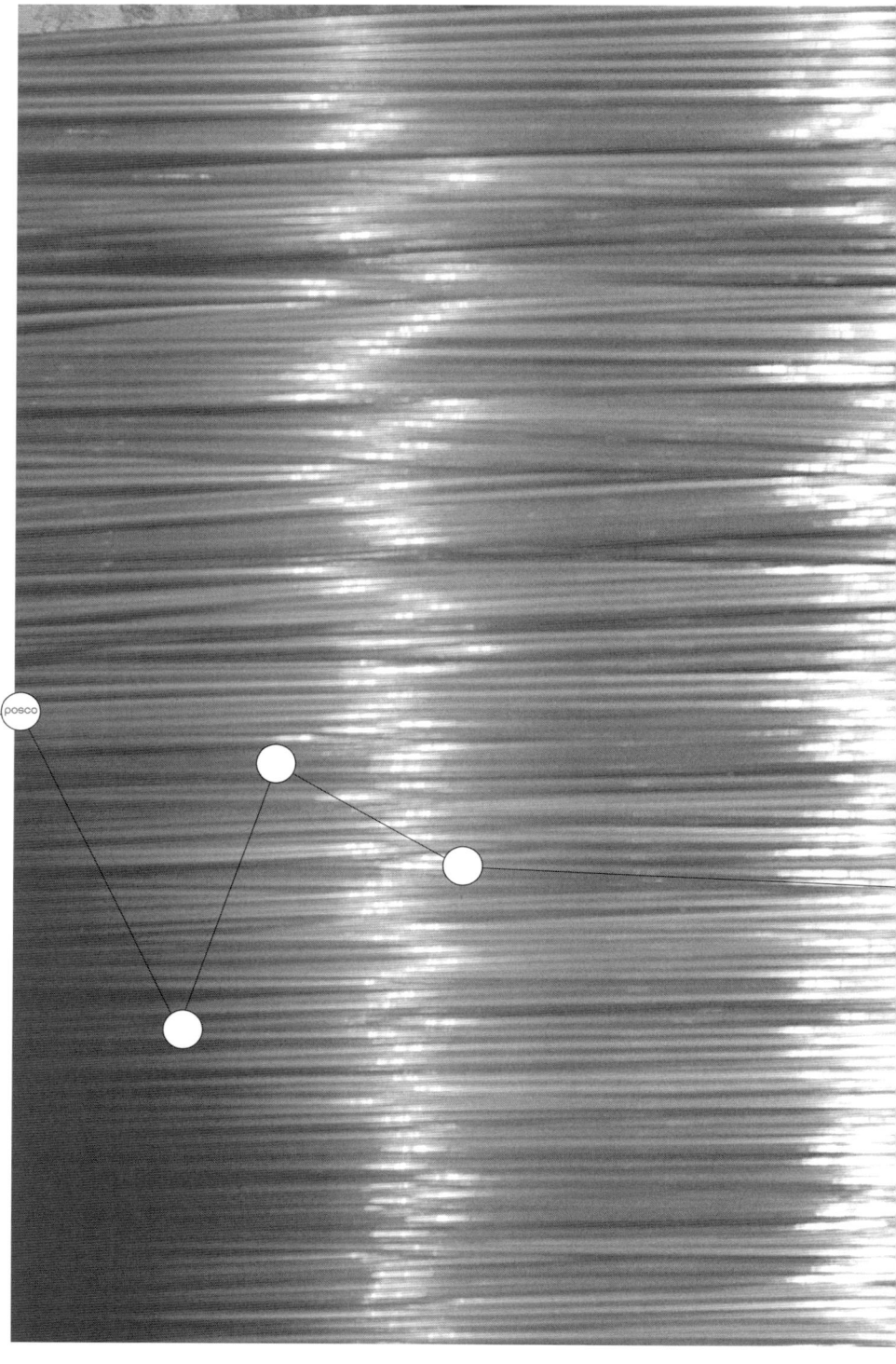

chapter 04
강한 현장을
강하게 지켜라

04

생산성보다 중요한 것이 안전이다

•••

제철소에서는 지켜야 할 것이 상당히 많다. 기본적인 안전수칙에서부터 환경과 품질을 고려한 작업표준, 생산 및 원가를 감안한 기술표준을 지켜야 하는 것은 물론 사무실에서도 업무지침에 따라 규정대로 일을 해야 한다. 영속하는 기업의 DNA는 규칙을 준수하는 것으로부터 시작되기 때문이다.

현장에서 작업표준을 지키는 일은 목숨과 품질을 지키는 최선의 방법이다. 수많은 변화와 위험이 상존하는 공장에서 반드시 지켜야 할 작업표준을 지키지 않으면 절대로 균일한 품질을 유지할 수 없다. 특히 도요타에 최고급 강판을 공급하겠다는 목표를 세운 포스코는 표준을 준수하는 습관을 문화로 정착시켜야만 했다.

표준을 준수하는 것보다 우선시되는 것은 바로 기본을 철저히 지키는 습관이다. 이에 따라 포스코의 안전팀은 제철소 사원이면 누구라도 반드시 지켜야 할 5가지 기본수칙을 정해놓았다. 그 5가지는 제철소 현장에서 보안경 착용하기, 계단을 이용할 때 핸드레일 잡기, 승용차 뒷좌석에서도 안전벨트 매기, 철도 건널목에서 일단 정지 및 규정 속도 준수하기, 그리고 제철소 내에서 금연하기를 말한다.

현장에서 안전모와 안전화를 착용하는 것은 이미 습관화한 것이라 따로 강조할 필요가 없지만, 보안경 착용은 아직 습관화하지 못한 상태였다. 보안경은 눈에 이물질이 들어가는 것을 막아줄뿐더러 작업 중에 튀어나오는 조각들로부터 눈을 보호하는 역할을 한다. 그런데도 사원들은 땀이 더 난다거나 방진마스크와 함께 착용하기 불편하다는 이유로, 혹은 일반 안경을 착용하고 있어 도수가 있는 보안경을 준비하고 바꿔 쓰기가 번거롭다는 이유로 보안경 착용을 꺼렸다.

문제를 파악한 포스코는 즉각 일반 안경을 착용하는 사원들을 위해 전사 차원에서 도수 보안경을 제작해 배포함으로써 사원들의 번거로움을 줄여주었다. 더불어 안전팀이 수시로 현장에 나가 사원들의 보안경 착용 상태와 불편함을 조사했다. 덕분에 광양제철소 사원들은 현장에 나갈 때마다 안전모와 안전화, 보안경, 장갑, 귀마개, 방진마스크를 착용하는 것이 확실히 몸에 뱄다.

호주에서는 차에 함께 탄 사람이 안전벨트를 매지 않으면 개인당 벌점을 부과해 한 번만 위반해도 운전면허가 취소된다. 따라서

BSL사의 안전을 벤치마킹하기 위해 시드니에 도착하면 BSL까지 이동하는 밴에 오르자마자 안전벨트를 매야 한다. BSL사의 사원들은 제철소 안에서 운행하는 차량의 뒷좌석에서도 반드시 안전벨트를 착용한다. 또한 이들은 계단을 이용할 때마다 핸드레일을 잡고 움직인다. BSL사 연주 공장장은 안전을 지키는 데 리더의 역할이 얼마나 중요한지를 강조했다.

"우리가 이렇게까지 하는 데는 분명한 이유가 있습니다. 일상에서 기본적인 안전규칙을 생활화하지 않으면 좀 더 어려운 표준을 준수하는 것은 꿈도 꿀 수 없기 때문입니다. 표준을 준수하는 문화를 조성하기 위해서는 반드시 규정 준수의 문화부터 이끌어내야 합니다. 그러한 문화는 리더에게서 나옵니다. 사원들은 리더가 말하는 것을 듣는 것이 아니라 행동하는 것을 따를 뿐입니다. 리더가 현장의 불안전한 모습을 무심코 지나치는 순간 그것은 리더가 세운 규범이 되어버립니다."

BSL을 벤치마킹한 후, 허남석 소장도 자동차 뒷좌석에 앉자마자 안전벨트를 매는 습관을 들였다. 제철소 안에서 자동차가 달리는 시간이라야 5분 정도에 지나지 않고, 속도도 시속 50킬로미터 이하지만 그의 차는 제한속도와 정지선을 정확히 지킨다. 또한 뒤따르는 차가 없어도 깜박이를 켜서 나아갈 방향을 알려주고 뒷좌석에 탄 사람이 안전벨트를 매지 않으면 출발하지 않는다.

광양제철소는 통근용 버스의 모든 안전벨트를 재확인하고 좌석 뒤에는 안전벨트 착용 안내문을 붙였다. 그뿐 아니라 사원들의 개인 승용차도 뒷좌석 안전벨트가 제대로 작동하는지 일일이 점검해 만약 고장 났을 경우 수리가 끝날 때까지 동료를 태우지 못하게 했다.

핸드레일 역시 점검과 보완 대상이었다. 제철소 안의 모든 계단에는 핸드레일이 설치되었고, 특히 폭이 넓은 계단에는 중앙에 별도의 핸드레일을 설치했다. 점심 도시락을 배달하는 공장 사원들이 양손에 도시락을 든 채로는 핸드레일을 잡을 수 없다고 하자 3층까지 도시락 배달용 엘리베이터를 설치하는 것은 물론, 아예 1층에서 점심식사를 할 수 있도록 별도의 공간을 마련했다.

이러한 노력 덕분에 요즘 광양제철소의 전 사원은 핸드레일 잡기, 안전모와 보안경 착용하기, 뒷좌석에서 안전벨트 매기, 건널목에서 일단 정지하고 규정 속도 준수하기를 확실히 지키고 있다.

5대 기본수칙의 마지막은 금연이다. 2009년 3월 신임회장으로 취임한 정준양 회장은 "올 연말까지 담배를 피우는 사람이 한 명도 없는 회사를 만들겠다"고 선언하고 금연운동을 독려했다. 정 회장이 이토록 강하게 '금연 기업'을 추진한 배경에는 환경과 사원을 사랑하는 그의 경영 철학이 있다. 무엇보다 에너지 과소비, 탄소 다량 배출 산업의 오명을 벗고 저탄소, 녹색 성장을 제철산업의 윤리로 실천하기 위한 전 사원의 첫 번째 활동으로 탄소를 다량 배출하는 흡연과의 단절이 필요했기 때문이다. 나아가 금연이야말로 최고의 사원 사랑이라고 공공연히 말하는 정 회장은 금연을 통해 "동료 사랑, 아내 사랑, 자녀 사랑"을 실천하자고 외쳤다.

하지만 금연이 어디 하루아침에 뚝딱 실천할 수 있는 일이던가. 그것도 1만 6,000명에 달하는 포스코의 전 사원은 물론 100여 개 외주파트너사까지도 실천해야 하는 터라, 신임회장의 금연 지시에 그 많은 사람이 일사불란하게 움직이리라고 생각한 사람은 아무도 없었다.

사실 포스코의 금연운동은 이미 15년 전부터 진행되어 온 활동 중 하나다. 지금은 담배의 유해성이 충분히 홍보된 덕분에 웬만한 회사는 모두 금연을 실시하고 있지만, 15년 전만 해도 흡연을 오히려 남자다움을 보여주는 미덕으로 여기는 사람이 많았다.

포스코가 담배를 피우지 못하게 한 데는 두 가지 이유가 있다. 하나는 제철소 현장이 불을 다루는 곳이라 담배를 피우는 것이 위험하기 때문이고, 다른 하나는 사원들의 건강을 생각해서다.

제철소에서는 그 작업상 어쩔 수 없이 분진과 가스가 발생한다. 또한 한여름에도 1,500도가 넘는 열기에 휩싸여 땀에 샤워를 하면서 한시도 고로에서 눈을 떼지 못하고 8시간을 긴장 속에서 일해야 한다. 이러한 환경이라 당시 제선부장이던 허 부사장 역시 건강과 작업상의 안전을 위해 반드시 담배를 끊어야 한다고 생각했다.

담배를 즐기는 사원들은 당연히 거세게 반발했다. 심지어 그들은 허 부장의 자동차 타이어를 수시로 펑크 내고 자신의 출세를 위해 사원들을 이용한다고 감사실에 투서를 넣기도 했다. 하지만 허 부장은 "내가 출세를 위해 하는 일이 아닌데 그런 수군거림을 마음에 담아둘 필요는 없지요. 지금은 불평을 하지만 언젠가는 고

마워할 날이 올 겁니다"라며 소신을 꺾지 않았다.

덕분에 그가 부장으로 일하던 7년간 제선부는 일찌감치 많은 사원이 금연에 성공했다. 그러자 강창오 포항제철소장은 1998년 제철소 차원에서 금연을 추진했고 건강에 대한 사원들의 관심이 높아지면서 금연운동은 더욱 탄력을 받게 되었다.

2003년, 광양제철소는 정준양 회장이 부소장으로 취임하면서 다시 한 번 강력한 금연 캠페인을 펼쳤다. 이때 제철소 차원으로 금연학교를 운영하는 것과 더불어 금연보조제를 지급하고 금연침을 무료로 시술한 결과 흡연율은 10퍼센트대로 떨어졌다. 하지만 이미 끊을 사람은 다 끊었기 때문인지 나머지 10퍼센트의 흡연율을 낮추기가 몹시 어려웠다. 가족과 함께 캠페인을 벌이고 각종 지원도 아끼지 않았건만 10퍼센트의 음성 흡연자는 쉽게 줄어들지 않았고, 오히려 다시 담배를 피우기 시작한 사원도 나타났다.

정 회장은 나머지 10퍼센트의 흡연자를 금연으로 인도하려면 무엇보다 TOP의 솔선수범이 중요하다고 판단했다. 임원과 간부가 여전히 흡연을 한다면 어느 사원이 금연에 동참하려 하겠는가? 고심하던 정 회장은 우선 임원 중에서 골초로 소문난 두 명의 부사장에게 금연을 권했다. 나아가 모든 직책보임자에게 사내 보건진료실에서 금연 상태를 검사받도록 하는 한편, 사내를 넘어 국내 언론에 강력한 메시지를 전달했다.

"끊을래, 그만둘래."

이에 호응해 수십 년간 담배를 피워온 임원들로부터 금연이 시작되었고 담배 없이는 못 산다던 파트장까지 금연에 동참하는 등 TOP부터 솔선수범해 금연이 하부로 확산되기 시작했다. 일반사원들은 금연에 성공한 사람에게 돈을 몰아주는 '금연 펀드'를 조성하기도 했고, 회사에서는 금연을 위해 다양한 활동을 적극 지원했다. 덕분에 지금은 금연 활동이 포스코의 전체 패밀리사로 확대되어 기업의 새로운 문화로 자리매김하고 있다.

광양제철소가 이처럼 호주 BSL사로부터 SAO, ILS, STOP2(작업 2분 전에 안전사항을 한 번 더 체크하는 것) 등 선진 기법을 도입하고 5대 기본수칙 준수 활동을 전개하자, 포항제철소는 이를 두고 그저 보여주기 위한 안전 활동이라고 평가절하하며 상대적으로 나은 포항의 안전지표(휴업도수율, 재해건수 등)를 내세웠다.

여기에는 포항제철소 특유의 자부심과 그만한 배경이 자리 잡고 있다. 2009년 3월, 김진일 부사장이 포항제철소 소장으로 보임했다. 그는 이미 포스코의 1, 2기 혁신인 PI와 식스시그마를 진두지휘한 임원으로 혁신에서 둘째가라면 서러워할 전문가였다. 그러한 경험을 통해 포스코 사원의 역량과 실력이 대단하다는 자부심으로 똘똘 뭉친 그는 무엇보다 생산 현장에서의 사원들의 안전을 중요시했다. 그는 이미 광양제철소에서 호주의 BSL사를 수차례 벤치마킹해 안전 문화를 구축하고 있음을 알고 있었지만, 포스코도 뛰어난데 호주가 잘하면 얼마나 잘하겠느냐는 생각을 하고 있었다. 혹시 너무 과한 평가는 아닌지 의문을 품었던 것이다.

"김시학 팀장, 백문이 불여일견인데 우리 호주의 BSL사에 한번

가봅시다. 얼마나 잘하는지 내 눈으로 직접 봐야겠소."

김시학 안전팀장과 함께 BSL제철소의 안전 시스템과 안전 활동을 둘러본 김 소장은 큰 충격을 받았다. 그들의 안전 활동이 그야말로 수십 년간 끊임없이 진화한 혁신의 대장정이자 실질적인 활동 그 자체였기 때문이다.

하인리히 법칙에 따르면 대형 사고가 발생하기 전에 비슷한 원인으로 인한 30여 건의 소형 사고가 먼저 발생하고, 30여 건의 소형 사고가 발생하기 전에 비슷한 원인으로 인한 300건의 위험 현상이 나타난다고 한다. 이는 곧 재해를 방지하려면 소형 사고나 위험 현상이 발견될 때부터 정확히 분석해 예방까지 나아가야 한다는 것을 의미하며 호주의 BSL은 그것을 철저히 따르고 있었다.

하지만 그동안 포스코가 잘한다고 내세우던 안전지표는 가장 마지막으로 드러나는 대형 사고 지표만 관리하는 수준에 불과했다. 그러한 사실을 알고 있던 김 소장은 포스코의 안전지표가 현실과 동떨어져 있다는 생각을 했다.

"그 어떤 생산 목표도 안전보다 중요하지 않습니다. 우리 현장에 100퍼센트 맞는, 정말로 현장에서 필요한 안전 활동을 강화하는 방안을 강구해보십시오."

허남석 생산기술부문장은 전사 차원에서 어떻게 안전 활동을 전개할 것인지를 놓고 워크숍을 하게 했다. 사실 안전 활동은 늘 해온 것이고 워크숍에 참석한 사람들은 대부분 자기 분야에서 안전 업무를 수행해왔지만, 그들은 서로의 사고방식에 커다란 차이가 있음을 깨달았다. 이에 따라 그들은 수차례나 열린 워크숍에서 서로 마음을 열고 의견을 조율했다. 허 부문장도 수시로 참석해 "안전지표는 일시적인 관리 감독 강화로 향상될 수 있지만 언제 다시 떨어질지 모른다. 그러므로 안전 문화를 정착시켜야 하는데 이를 위해서는 체계적이고 지속적인 안전 활동이 필요하다"라고 강조했다.

 결국 안전에 대한 양대 제철소의 눈높이가 같아지면서 포스코의 안전 활동은 빠르게 통일되고 최적화되어 갔다. 여기에다 허남석 생산기술부문장 산하에 전사 안전실천사무국을 만들어 포스코의 안전 활동 체계가 계열사와 외주파트너사, 핵심공급사 등 포스코 패밀리에 확산되도록 했다.

 이제 광양제철소에서만 운영되던 5대 기본수칙은 10대 안전철칙으로 진화해 양대 제철소의 전 사원이 반드시 지켜야 하는 기본 사항으로 명문화되어 운영되고 있다. 한번은 임원회의가 열리는 포항 대회의실을 찾은 김진일 소장이 자리에 앉자마자 안전벨트를 찾았다.

 "김 소장, 이제 의자에 앉을 때도 안전벨트를 찾으니 안전철칙이 완전히 몸에 밴 모양입니다."

 허 부문장이 김 소장의 행동에 가볍게 한마디 건네자 한바탕 웃음이 터졌다. 이처럼 포스코에서는 10대 안전철칙이 TOP의 솔선수범을 통해 이뤄지고 있다. 이제 포스코에 오는 사람은 누구든 10대 안전철칙을 반드시 지켜야 한다.

검증하고 칭찬하고 공유하라

•••
　혁신은 흐르는 강물을 거슬러 올라가는 카누의 노 젓기와 같다고 한다. 강물을 거스를 때 잠시라도 노 젓기를 멈추면 카누는 어느새 출발했던 곳으로 되돌아가고 만다. 혁신 역시 그렇다. 제철소를 뜨겁게 달군 혁신의 열기가 스러지면 동시에 혁신의 물결도 자취 없이 사라지고 말 것이다.

　그렇기 때문에 혁신지원그룹은 매주 현장 부서를 차례로 돌아가며 혁신의 열기를 진단한다. 이때 각 부서의 팀리더들이 혁신지원그룹과 함께 진단위원으로 활동한다. 특히 포스코 같은 대기업은 혁신 활동이 모델 부서에서 꽃을 피워 타 부서로 전파되는 데 많은 시간이 필요하고, 확산 과정에서 타 부서의 시행착오가 그대로 반복돼 시간이 지연되기도 한다. 포스코는 이러한 낭비를 최소화하고 단기간에 상향평준화하는 동시에 전사로 확산시키기 위해 혁신 진단 시스템을 운영하는 것이다.

진단위원들은 그 부서의 혁신 활동이 바람직한 모습으로 전개되고 있는지, 또한 어느 정도 수준에 와 있는지를 진단 및 평가한다. 특히 다른 부서 팀리더들의 눈에 어떻게 보이는지, 그들 부서와 어떤 차이가 있는지 비교해서 살펴본다. 이 과정에서 진단자로 참여한 리더는 진단 부서의 우수사례를 보고 느낀 뒤 자기 부서에 곧바로 적용함으로써 부서 간 우수사례의 수평적 확산이 빠른 속도로 이뤄진다. 이때 진단이 끝나면 혁신 담당 임원과 진단위원, 수검자, 전문위원이 모두 참여해 진단 결과를 공유하고 향후 개선 방안을 협의한다.

이러한 혁신 멘토링은 분기 단위로 진행되는데 전 분기의 개선 사항이 다음 분기에 충실히 이행되고 있는지도 점검한다. 여기서 발굴된 우수사례는 제철소 전 리더의 벤치마킹 대상이 된다. 그리고 다른 부서의 장점을 벤치마킹한 리더들은 각자의 부서로 돌아가는 즉시 팀원들과 그 경험을 나눈다.

VP, 학습동아리, 마이머신 활동을 하나로 묶은 '혁신 삼형제 멘토링'은 120여 개 조직에서 시행하고 있는 다양한 혁신 활동 기준과 비교해 점검하고 피드백해서 서로의 장점을 신속하게 확산시키는 진단 시스템이다. 최근에는 제철소 내의 혁신 활동을 벤치마킹하는 것은 물론, 모든 사업장의 우수사례를 서로 벤치마킹하기 위한 활동이 활발하게 이뤄지고 있다.

이러한 제철소 내의 혁신 벤치마킹은 포스코 혁신 4계(季)를 통해 포스코 패밀리 전체가 공유한다. 지난해의 성과를 분석해 우리의 좌표를 확인하고 올해의 전략을 수립하는 겨울은 'Pre Session I', 씨앗을 뿌리는 농부의 마음으로 일 년의 계획을 세우는 봄은 'Session I Review' 뿌린 씨앗이 잘 자라도록 확인하고 돌보는 여름은 'Session I Follow-up', 그리고 혁신의 성과를 거두는 축제의 장인 가을은 'Innovation Festival'이다.

가을이 되면 포스코맨들은 저마다 일 년간 얻은 혁신의 성과를 가지고 이노베이션 페스티벌로 불리는 축제의 장으로 모인다. 이노베이션 페스티벌은 포스코맨들이 이룬 혁신 성과를 공유하는 화합의 장으로 포스코는 물론 출자사들과 외주파트너사의 임직원들도 참석한다.

2008년 가을, 포스코맨들의 혁신 성공담이 이어지는 동안 국제관의 포스코맨과 초청인사들은 뜨거운 박수를 치며 한마음으로 그들의 공로를 축하해주었다. 이구택 회장은 계속되는 혁신 활동에 힘들어하는 포스코맨들에게 종종 공자의 말을 빌려 "알기만 하는 사람은 좋아하는 사람만 못하고, 좋아하기만 하는 사람은 즐기는 사람만 못하다(知之者 不如好之者 好之者 不如樂知者)"라는 말을 들려준다. 혁신을 힘들고 괴로운 것으로 여기지 말고 혁신 그 자체를 즐기라는 의미다. 그런데 그날 사례 발표를 하는 혁신의 불씨들에게 혁신은 더 이상 어렵거나 힘들지 않은 듯했다. 그들의 표정에는 이미 혁신을 즐기고 있음이 역력히 드러났던 것이다.

현장에서의 혁신은 비록 힘들고 어려운 일이지만 그것을 성취한 뒤에 뜨거운 칭찬과 격려를 받으면, 그들은 또다시 두 주먹 불끈 쥐고 다음 개선을 위해 씩씩하게 현장으로 돌아간다. 그리고 그들의 성공담을 들은 사람들은 성공사례를 자신의 과제에 적용하겠다는 의지를 다지며 자신의 사업장으로 발길을 돌린다.
　현장의 혁신은 이렇게 검증받고 칭찬받고 공유할 때 비로소 회사의 DNA로 자리잡게 된다.

3분 현장 스피치와 경청의 힘

...
　남 앞에서 자기 의견을 조리 있게 말하고 상대방을 설득하거나 동의를 구하는 것은 쉽지 않은 일이다. 그렇지만 포스코 사원들은 하나같이 말을 조리 있게 잘한다. 자신이 설명하고자 하는 것에 대해 근거를 대면서 이야기를 풀어나가는 솜씨가 가히 일품이다. 그 이유는 광양제철소 사원들이 말하기와 관련해 특별한 훈련을 받기 때문이다.

　광양제철소에서는 조찬모임이나 중식모임, 이슈 토론회, 워크숍을 열 때마다 여러 사람 앞에서 자기 의견을 말해야 한다. 3분간 자신이 일하는 현장의 상황과 문제점을 이야기한 뒤 개선사항을 설명해야 하는 것이다. 처음으로 '3분 현장 스피치'를 도입했을 때는 모두들 무슨 말을 해야 할지 몰라 허둥댔고, 기껏 찾아낸 이야기도 제대로 전달하지 못해 듣는 사람을 답답하게 만들기 일쑤였다.

남 앞에서 말하는 것에 익숙지 않아 초기에 된통 혼쭐이 난 어느 사원은 이렇게 말했다.

"처음에는 진땀이 나더군요. 3분이 그렇게 긴 시간인 줄 정말 몰랐습니다. 뭔가 말을 하긴 했는데 제 생각에도 참 어이가 없었죠. 제가 하는 말을 저 자신도 알아듣지 못했으니까요. 그런데 고맙게도 그렇게 버벅거리는 동안 부장님은 끝까지 참고 들어주시더라고요. 들어봐야 뻔한 이야기라는 걸 분명 아실 텐데도 중간에 토막을 내거나 끼어들지 않으셨어요."

모임에 참석한 광양제철소의 리더들은 말하기보다 주로 듣는 편이다. 말은 대개 모임에 참석한 사원들이 돌아가며 하고 리더는 조용히 귀를 기울일 뿐이다. 상사가 참석해 훈화와 비슷한 말을 하고 사원들은 수첩에 적어가며 조용히 경청하는 방식에 익숙했던 사원들은 처음에 새로운 방식에 익숙지 않아 모임에 가는 것 자체를 괴로워했다.

남 앞에 나서기를 꺼려하는 우리네 정서상 사원들이 직장의 최고 상사 앞에서 3분씩이나 자기 이야기를 하기란 쉽지 않은 일이다. 더구나 우리의 머릿속에 상사는 보고를 받고 지시하는 사람으로 각인된 터라 상사 앞에서 현장의 소소한 이야기를 풀어내는 데 어색해하는 것은 당연하다. 탓에 사원들은 긴장해서 머뭇거리다 정작 하고 싶은 말을 놓치기도 했고, 충분히 준비를 했음에도 3분을 채우지 못하는 경우도 많았다.

  그러나 사원들이 아무리 쭈뼛거리고 어색해해도 열심히 귀를 기울여주고 반응을 보이는 리더들의 넉넉한 태도는 사원들의 마음을 열어젖히기에 충분했다. 리더들이 말솜씨에 상관없이 어떤 이야기든 웃으며 들어주고 소소한 내용까지 기억했다가 혁신에 반영했기 때문이다. 자신의 이야기가 혁신 현장에 곧바로 반영되는 경험은 대단히 소중한 격려와 칭찬이 되었다.

  이러한 경험이 반복되면서 너나없이 말솜씨가 늘어갔다. 아니, 좀 더 정확히 말하자면 현장 보고 내용이 풍부해졌다. 사원들이 3분 스피치를 위해 30분 이상 이야깃거리를 찾아내 내용을 조리 있게 압축하고 다듬는 노력을 기울이면서, 리더가 현장 곳곳을 직접 보고 상황을 이해한 것처럼 스피치의 내용이 좋아지고 사고가 논리적으로 바뀌어갔다. 더불어 사원들은 다른 사람이 말하는 것을 보고 들으며 자신의 능력을 키워갔다. 서로가 서로에게 벤치마킹을 하게 된 것이다.

  현장 스피치에서 문제가 제기되면 리더는 자신이 직접 문제해결을 위한 구체적인 방법을 말하지 않는다. 또한 큰소리로 반박하거나 화를 내지도 않는다. 그저 스피치 내용을 귀담아 들은 다음 문제를 제기하는 사람에게 "어떻게 하면 되겠느냐"고 묻고 그것을 가장 잘 해결할 수 있는 사람에게 책임과 권한을 줄 뿐이다.

  모임에 참석한 리더는 이야기의 방향이 잘못 흘러가거나 간혹 혁신 내용을 오해하고 있으면 그것을 바로잡는 역할만 한다. 절대로 자기 의견이나 고집을 내세우지 않는다. 광양제철소 사람들은 그런 원칙이 사원들의 마음을 열어 솔직한 이야기를 나눌 수 있게 만들었다는 사실을 잘 알고 있다. 나아가 6,000여 명의 광양제철소 사원은 현장 스피치를 하면서 서로의 사정과 마음을 알게 되었다. 3분 스피치가 단순한 업무 보고를 넘어 사원들이 소통하는 장이 된 것이다.

말이 통해야 마음이 통하고 그러면 서로의 마음을 움직일 수 있다. 광양제철소의 비전을 밤낮없이 외우게 해도 사원들의 마음을 움직이지 못하면 헛된 구호에 지나지 않는다. 구호만으로는 '글로벌 넘버원 자동차 강판 전문 제철소 완성'은 절대로 이룰 수 없다.

오지은 공장장은 리더로서 남의 말을 귀담아 듣는다는 것이 얼마나 어려운 일인지 새삼 깨닫게 되었다고 털어놓았다.

"공장장이 되고 나서 남의 말을 들어준다는 게 얼마나 어려운 일인지 알게 되었습니다. 예전에는 리더가 사원들의 말을 일일이 들어주시는 게 이처럼 어려운 일인 줄 몰랐어요. 그런데 막상 제 자신이 큰 책임을 맡게 되자 마음이 급하고 책임이 무거워 사원들의 의견을 묻고 문제를 스스로 해결하도록 기다리는 게 거의 불가능할 정도로 어렵더군요. 그래도 어떤 게 옳은 것인지 알고 있으니 저도 말하기보다 듣기에 더욱 열중해야지요. 이제 광양제철소 사람들은 누구나 그렇게 하려고 애를 씁니다. 그 방식이 성공사례가 되었거든요."

리더에게 받는 러브레터

・・・
　기술을 개발하는 것은 바로 사람이다. 기술과 제품은 사람의 손끝에서 나오고 성공신화를 만들어내는 것 역시 사람이다. 그렇기 때문에 포스코 리더들은 사람에 대한 관심이 각별하다. 그러한 마음을 전달하는 수단으로 그들이 즐겨 사용하는 것이 바로 이메일이다. 그들은 오늘도 컴퓨터 앞에 앉아 현장 멘토링을 하며 만난 신입사원, 정년을 눈앞에 둔 파트장, 마이머신 활동으로 받은 와인 한 병을 가보로 여긴다는 즉실천리더, 자식을 끔찍이 사랑하는 반장 등 사원들을 하나하나 떠올리며 자판을 두드린다. 홍콩선언을 완성하느라 골몰했던 정준양 회장은 물론 제철소를 혁신의 불길로 달군 허남석 소장, 그리고 조뇌하 신임소장도 한 달에 한두 번 전 사원을 대상으로 편지를 쓴다.

"사랑하는 사원 여러분!

아직 한두 차례 매서운 꽃샘추위가 더 있을 거라는 예보가 있긴 하지만 제법 포근한 봄기운이 느껴지는 계절입니다. 아침저녁으로 일교차가 큰 만큼 여러분과 가족 모두 건강하시길 기원합니다.

2009년의 첫 달은 무재해로 출발했습니다. 모든 경영 활동의 최우선 가치가 '안전'이기 때문에 위기 극복을 위해 총력을 기울이는 가운데 얻은 1월의 무재해는 그 의미가 매우 크다고 생각합니다. 1월의 안전 성과가 1년 내내 이어지길 기원합니다.

지금과 같은 위기상황에서는 그동안 쌓아온 혁신 체질을 바탕으로 원가절감이라는 목표를 세워 강한 실천력으로 성과 창출을 가속화하는 것이 가장 중요합니다. 우리는 지난 1월, 창사 이래 처음 겪는 감산 조업 상황에서도 제철소 원가 경쟁력을 확보하기 위해 혁신 삼형제를 바탕으로 맡은 분야에서 혼신의 힘을 다했고, 그 결과 500여 억 원의 원가절감을 달성해 회사가 흑자로 전환하는 데 기여했습니다.

제선에서는 저가의 분철광석 사용비를 90퍼센트 이상으로 올리고, 용광로의 효율을 높여 세계 최저 수준의 연료 사용에 도전해 용선 제조원가를 낮췄습니다. 제강에서도 용선 제조원가에 비해 가격이 싼 고철을 다량 사용함으로써 원가절감의 핵심이 되었습니다. 제품 또한 열연에서는 어려운 가운데서도 고부가가치강인 API강 생산을 확대했고 냉연 및 도금에서도 전원이 참여하는 슈퍼클린(Super Clean) 활동으로 감산 기회를 근본적인 품질개선 기회로 적극 활용하고 있습니다.

이처럼 사원 모두가 지금의 위기상황을 직시하고 한마음으로 대처

해가고 있는 데 대해 제철소장으로서 깊은 감사와 격려를 보냅니다. 하지만 우리는 여전히 시작선상에 있습니다. 시작이 빨랐다고 결승선에 일등으로 들어서는 건 아니지만 시작이 좋으면 끝도 좋다는 속담도 있습니다. 우리의 시작이 열정적인 만큼 우리의 끝이 엄청난 성과를 가져올 것이라고 믿습니다.

 비록 지금 힘들더라도 우리 모두 결승선까지 지치지 말고 달려갑시다. 저도 열심히 달리겠습니다. 감사합니다."

 제철소에 대한 사랑이 듬뿍 담긴 제철소장의 이메일을 받은 사원들은 광양제철소의 비전과 혁신 로드맵을 다시 한 번 깨닫게 된다. 이미 귀에 딱지가 앉을 만큼 듣고 들은 이야기지만 제철소장으로부터 이메일을 받으면 새삼 가슴에 와 닿게 마련이다. 그렇기 때문에 사원 한 사람, 한 사람에게 날아간 이메일은 사원들의 가슴에 혁신의 열정을 불러일으키는 작은 불씨가 된다. 사람을 변화시키는 힘은 열정이다.

글로벌 플레이어가 되기 위한 품질 경영

　포스코는 이미 글로벌 철강회사가 되겠다는 성장 전략을 대내외에 선포했다. 이는 아시아의 리더기업이 되는 것은 물론 인도와 중동을 제2의 성장 거점으로 삼고 미주에도 독립적인 사업체를 구성해 명실상부한 글로벌 플레이어가 되겠다는 포부다. 이를 위해서는 전 세계 어디서나 생산 및 판매할 수 있는 글로벌 체계가 필수적이다. 철강산업 특성상 모든 제품을 국내에서 생산해 수출하기는 어렵기 때문이다.

　철강산업은 일종의 물류산업으로 벌크(bulk) 원료를 수입해 제품을 수출하는 형태다. 하지만 최고급 강판도 1톤당 80만 원 정도로 킬로그램당 채 800원이 안 되기 때문에 이러한 벌크 제품은 무역재가 될 수 없다. 이는 곧 글로벌 회사가 되려면 생산기지를 해외에 건설해야 한다는 것을 의미한다.

그런데 글로벌 생산 거점에서는 사람과 문화, 그리고 설비가 달라 동일한 품질을 보장하기가 어렵다. 더구나 고객들이 이미 글로벌화한 터라 고객의 입맛에 맞춰 일하지 않으면 수출에 한계가 따를 수밖에 없다. 이를 극복하기 위해서는 글로벌 체계에 맞는 품질보증이 가능한 경영 체계를 마련해야 한다.

얼마 전까지만 해도 고객의 기대에 부응하는 제품 및 서비스를 제공하면 감동을 받은 고객이 계속 제품을 구입해 지속적인 성장이 가능해진다는 게 보편적인 논리였다. 그러나 지금은 고객이 기업에게 어떤 제품을 생산해야 하는지까지 결정해주는 능동적인 생산 주체로 변했다. 이제는 제품의 규격이나 요건, 사용의 적합성만 만족시키는 것이 아니라 안정된 제품 생산 능력이 확보된 프로세스까지 보증을 해주어야 장기적인 고객을 확보할 수 있는 것이다.

포스코는 현재 자동차 강판 생산 글로벌 넘버원 전문 제철소의 비전을 달성했지만, 고객에게 장기적으로 품질을 보증할 체제를 갖추고 있는가에 대해서는 아직 자신할 수 없다. 물론 이미 식스 시그마와 QSS 활동으로 개선 문화를 갖췄고 VP를 통해 일을 가시화하는 것은 물론 효율을 극대화하는 작업 방식도 글로벌화했다. 조뇌하 신임 광양제철소장은 이러한 혁신 인프라를 바탕으로 현재의 품질보증 체제를 한 단계 높이고, 고급강 위주의 글로벌 생산 체제에 걸맞은 프로세스 중심의 글로벌 품질 경영 체제로 갈 것을 선언했다.

　글로벌 품질 경영 체제란 모든 일을 표준화해 일에 대한 책임과 권한을 명확히 하고 충분한 역량을 갖춘 담당자가 표준에 맞게 일하는지, 프로세스가 원하는 기준대로 운영되는지를 모니터링해 이상이 발견되면 즉각 개선으로 이어지게 하는 시스템을 말한다. 이때의 모든 과정은 문서화해 관리하며 리더가 책임지고 전체 활동을 위한 프로세스를 만들고 유지 및 개선한다.

　물론 이러한 품질 경영 체제는 포스코가 일하는 방식을 토대로 운영된다. 리더는 고객만족과 품질보증을 위한 프로세스를 표준화하고, 사원들은 지속적인 학습과 표준 준수로 생산효율을 높이는 것이다. 나아가 비전 달성을 위한 업무는 VP를 통해 가시화하고 현장 개선은 식스시그마와 QSS의 방법론을 활용해 이뤄내는 것으로 실질적인 품질 경영이 가능케 한다.

　2009년 6월, 포항제철소는 'Great people Great Works'라는 비전을 선포했다. 그리고 이를 실현하기 위해 '3년 내에 세계 최고 품질의 초일류 제품을 생산한다'는 목표 아래 일본의 경쟁 밀보다 높은 품질을 선정하고 관련부서가 합동으로 액션플랜을 수립하며 매달 소장이 직접 성과를 점검 및 토의하면서 품질 혁신을 일으키고 있다. 또한 품질 영향 핵심 설비를 상시 점검하고 모니터링하는 설비 정도 관리 프로세스를 구축해 품질 불량이나 품질 편차가 발생하지 않도록 했다. 이를 위해 우선적으로 표준 준수 검사와 변경 관리 시스템 구축 등 표준 준수 문화 정착 활동을 강화하고

선 공정 불량재가 후 공정이나 고객사로 출하되지 않도록 전장 온라인(On-line) 품질 검사와 품질 자동판정을 확대했다. 나아가 제품별로 품질 점프업(Jump Up) 추진 조직을 만들어 품질보증 체제를 강화하고 있다.

chapter 05
펄떡이는 물고기의
심장은 뛴다

리더의 진심만이 현장을 바꾼다

•••
    QSS 활동 초기, 포항제철소의 코크스 공장은 사원들이 코크스 공장에 근무한다고 말하는 것을 부끄러워할 정도로 환경이 열악했다. 언제부터인가 신입사원 부서 도입 교육에서도 코크스 공장은 배제될 정도였다. 특히 대근율(휴가나 교육으로 인해 작업장에 비가동 인원이 발생했을 경우, 다른 작업자에 의해 대체 근무가 이루어지는 비율)이 200퍼센트가 넘는데다 전 사원이 단독 근무 개소 작업이라 QSS 활동 자체가 어려웠기 때문에 단지 흉내 내기식 QSS 활동을 하고 있었다.

  하지만 직책보임자들의 진심어린 칭찬과 격려가 이어지고 퇴직을 앞둔 파트장과 개선리더들이 솔선수범하면서 사원들 사이에 변화가 일어나기 시작했다. QSS 활동도 결국은 사람이 하는 것이라고 생각한 포항제철소 김동원 공장장은 2008년 초부터 사원들 사이에 신뢰를 쌓기 위해 많은 공을 들였다. 매일 아침 메신저로 진행되는 팀리더/공장장 조찬모임 내용을 화성부 사원들과 공유하고, 사원들 기 살리기와 기념일 챙겨주기로 관심을 표현하며 공감대를 넓혀갔던 것이다.

"세계에서 가장 아름답고 경쟁력 있는 코크스 공장을 만드는 것이 우리 코크스인들이 함께 꾸는 꿈입니다. 여럿이 함께 꾸는 꿈은 반드시 이뤄집니다. 우리 코크스인이 함께 꾸는 꿈 역시 반드시 이뤄질 겁니다."

김동원 공장장의 이러한 일념에 더해 부장들은 반장 이상의 직책보임자들의 기념일 챙겨주기에 신경 썼고, 공장장과 파트장들은 사원들의 기념일 챙기기 운동을 전개했다. 이들은 계층별 VOC를 청취하기 위해 포항에서 경주까지, 포항에서 대보까지 30킬로미터를 걷는 행사를 벌이기도 했다. 그 외에 도시락 산행, 볼링대회, 경주 벚꽃마라톤대회 참가 등 가족과 함께하는 조직 문화를 위해 다양한 펀(Fun) 활동을 실시했다. 그뿐 아니라 남편의 직장생활을 이해하도록 하기 위해 사원 부인들을 초청해 직접 QSS 현장을 보게 했다. 김동원 공장장의 자부심과 각오는 그야말로 남다르다.

"우리의 작업이 없으면 쇳물이 나올 수 없습니다. 그런데도 작업 환경이 나쁘다는 이유로 포스코인으로서의 자부심을 버리는 것은 어리석은 일입니다. 작업 환경이 나쁘면 좋게 만들어야지요.

저는 방진마스크와 보안경을 착용하지 않고 근무할 수 있을 정도로 깨끗한 코크스 공장을 만들겠습니다. 힘들긴 하겠지만 절대로 불가능한 일은 아닙니다. QSS 활동을 통해 반드시 실현하고야 말 것입니다."

그는 먼저 벨트피더(Belt Feeder, 광석 운반장치)실처럼 환경이 열악한 개소를 활동 구역으로 선정했다. 그리고 철저한 스텝(Step) 진단을 통해 근본 원인을 해결하도록 유도하면서 칭찬과 격려로 활력을 불어넣었다. 이때 활동 결과보다 유지 관리에 더 중점을 두었으며 마이머신 기능 향상을 위해 부서에 학습 체험장을 운영하였다.

이어 학습동아리를 제2의 QSS 활동장으로 적극 활용해 단독 근무로 인해 발생하는 애로사항을 해결해나갔다. 다행히 사원들은 학습동아리를 통해 정보를 공유하는 것은 물론 문제해결에 필요한 다양한 아이디어를 쏟아내며 활발한 커뮤니케이션 활동을 벌였다.

당연한 얘기지만 QSS 활동 이후 조업지표는 총체적으로 개선되었다. 사원들이 서로 격려하고 칭찬하는 분위기 속에서 일하는 동시에 성취감을 느끼게 되면서 더욱 QSS 활동에 열중하는 선순환이 일어났기 때문이다. 그 과정에서 예상치 못했던 '연소실 온도 자동측정 로봇', '코크스 분진 자동분출 장치' 등 독자적인 기술까지 개발했다. 이에 따라 생산가동률은 128퍼센트, 냉간강도 품질은 86.4퍼센트로 향상되는 등 조업 신기록을 연이어 달성하면서 품질 또한 세계 최고 수준으로 올라섰다.

초기에 도요타를 흉내 내는 식의 QSS 활동에서 제대로 된 QSS 활동을 즐겁게 하기까지 가장 큰 에너지를 준 것은 칭찬과 격려였다. 제철소장과 직책보임자들이 수시로 현장에 나와 어깨를 감싸 안으며 격려하자 사원들이 많은 힘을 얻었던 것이다. 이제 QSS 활동이 본궤도에 오르면서 경쟁사인 일본의 NSC를 비롯해 여러 회사에서 포항제철소의 화성 공장으로 벤치마킹을 다녀가고 있다.

"VP 때문에 회사를 못 떠납니다"

···
    VP를 처음으로 도입할 무렵, VP가 일의 효율성을 높여준다고 아무리 설명해도 VP에 호감을 보이는 사원은 별로 없었다. 특히 근무연수가 많고 관리 업무에 익숙한 사원일수록 VP를 거부했다. 그처럼 회사의 허리 역할을 해줘야 할 중간관리자들이 심하게 반발하자 VP를 추진해나가기가 어려웠다.

"일을 한눈에 알아볼 수 있다고? 그럼 VP가 CCTV라도 된다는 얘긴가?"

"부정적으로만 생각하실 게 아닙니다. 일단 한번 해보면 얼마나 편하고 효율적인지 알게 되신다니까요."

"글쎄, 우린 그런 거 싫어요. 어린애 장난도 아니고 우리가 붙이긴 뭘 붙여요. 그리고 내가 무슨 일을 하는지 다른 사람들이 왜 다

알아야 해요? 내가 당신 업무를 다 꿰고 있으면 기분이 좋아요? 그런 걸로 서로 감시하지 맙시다."

막연히 '좋으니까 해보자'는 식으로는 사원들의 동의를 얻을 수 없겠다고 판단한 최지영 차장은 일하는 방식을 바꾸는 것에 대해 와글와글 토론회에 의견을 올렸다. 일하는 방식에 대한 이야기를 꺼내자 자연스럽게 이런저런 불만이 쏟아져 나왔다.

"무엇보다 리더가 문제라고 생각해요. 일을 주면서 '어디 한번 검토해보라'고 하잖습니까? 저는 그런 게 못마땅해요. 뭘 하라는 건지 명확하게 알려주면 안 되나요?"

"하지만 우리에게도 문제는 있지요. 자기 일만 하고 회사가 어떻게 돌아가는지 아무런 상관도 하지 않는 것은 문제라고 봐요. 바로 옆 팀에서 세계 최고 기술이 나왔다는 것도 신문을 보고서야 아는 건 문제가 있어요."

"맞아요. 하루 종일 같이 일하면서도 바로 옆자리에서 무슨 일이 일어나는지 모르고 있지요. 일이 일찍 끝나 다른 일을 좀 거들고 싶어도 모르면 할 수 없잖아요. 그런 걸 해결하는 좋은 방법이 있는데 우리 회사에 한번 적용해보면 어떨까요?"

최 차장은 이때다 싶어 VP의 장점을 늘어놓기 시작했다.

"VP는 일을 바꿔줍니다. VP를 하면 공연히 가욋일이 늘어나는 것은 아닌지 걱정하시는 분들이 있는데 그건 VP를 몰라서 하시는 말씀입니다. VP는 방법이 쉽기 때문에 누구라도 금세 익숙해지고 어떤 업무에든 적용할 수 있습니다."

태어나서 그렇게 말을 많이 해본 기억이 없을 정도로 그는 하루 종일 VP 이야기를 했다. 그러던 중 회사 안의 주택단지로 이사한 최 차장은 처음으로 반상회에 나갔다. 그때 아파트 잔디밭에서 불고기 파티가 열렸는데 그의 귓가로 사람들의 수군거리는 소리가 들려왔다.

"저 사람이 바로 VP 전도사래요. 그런 건 왜 시작해서 귀찮게 하는 건지 원……."

"어이, 최 차장. 쓸데없는 걸로 사람 못살게 굴지 맙시다."

하지만 이미 VP의 효용성을 잘 알고 있는 그는 포기할 수 없었다. 때마침 허남석 소장이 광양제철소의 일하는 방식을 VP로 선택하자 그의 일은 더욱 많아졌다. 그런데 그가 VP를 진행하는 부서를 찾아가 잘되고 있는 것과 잘못되고 있는 것을 일일이 확인하며 좀 더 나은 방법을 찾아주어도 사원들은 좀처럼 마음을 열지 않았다. 혹시 이렇게 애만 쓰다가 끝나버리는 것은 아닐까? 그의 마음속에 불안감이 쌓여갔지만 허 소장은 VP에 대한 확신을 갖고 그를 격려해주었다.

VP를 시작한 지 여섯 달이 지나자 'VP를 해보니 좋더라'는 말이 여기저기서 들려오기 시작했다. 일의 개념을 정하는 것이 새로워 거부감이 있었을 뿐, 그런 과정을 지나고 나자 모두들 VP가 얼마나 편하고 좋은지 입을 모아 칭찬했던 것이다. 어느 사원은 자신의 어리석음을 이렇게 털어놓았다.

"업무를 개선 업무와 일상 업무로 나누고 시간을 정하는 게 어려워서 좀 힘이 들었는데 익숙해지고 나니 정말 일이 쉬워졌어요. 예전의 작업 방식이 얼마나 원시적이었는지 새삼 깨달았습니다."

최 차장은 요즘에도 자동차 강판 기술연구센터에 갈 때마다 가슴이 설렌다. 도전과제를 위해 각 부서의 벽을 모두 없앤 거대한 방에 VP 보드가 병풍처럼 늘어선 모습이 마치 훈장처럼 자랑스럽게 느껴졌기 때문이다. 특히 VP 보드를 따라 천천히 걸어가면 지금 어떤 기술이 얼마만큼 연구 개발되었는지, 어떤 연구가 난관에 봉착했는지 한눈에 알 수 있어 마치 CEO가 된 기분이었다. 그가 지나가자 어느 부장이 밝은 표정으로 한마디 건넸다.

"VP를 하지 않았으면 큰일 날 뻔했어요. 기술 개발 체크한다고 부서장마다 옆에 와서 물으면 대답해주느라 애를 먹었을 텐데 모두들 쓰윽 보고 가니 얼마나 편한지 모릅니다."

"그렇게 말씀하시는 부장님은 VP를 하느니 차라리 회사를 떠나겠다고 하지 않으셨나요?"

"이런, 제가 그랬습니까? 하지만 이젠 VP 때문에 못 떠납니다. 일일 업무보고서 쓰기 싫어서라도 절대 못 떠납니다."

VP, 어린이집도 한다

VP를 통해 업무의 낭비를 줄이고 개선 업무의 성취도가 좋아졌다는 소문이 나자 여러 곳에서 VP를 배우러 광양제철소를 찾아왔다. 광주 과학기술원장 허성관 사외이사와 손욱 사외이사, 삼성전기 임원들, 그리고 광양시장과 전남 도지사 등 많은 사람이 자신의 일터에 VP를 도입하고자 그 방법을 물었다. 그때마다 이종열 부장은 반드시 이 말을 덧붙였다.

"VP는 절대 어려운 게 아닙니다. 하지만 리더가 먼저 익숙해지지 않으면 실행하기 어렵습니다. 사원들이 일상 업무의 부담을 털어내고 개선 업무에 몰입할 수 있도록 긴급한 지시나 돌발 회의 같은 건 만들지 않아야 합니다. 또한 VP를 하면 내가 편해진다는 걸 스스로 깨닫도록 해야 합니다. 포스트잇을 붙이는 일이 상사에게 보이기 위한 것이라는 생각을 하게 되면 VP는 영락없이 실패하고 맙니다. 리더는 사원들의 업무를 완전히 파악하고 있어야 하며 일이 끝났을 때는 충분히 칭찬하는 것이 좋습니다. 그리고 회의가 없는 대신 정기적으로 토론회를 열어 의사소통이 원활히 이루어지게 해야 합니다."

VP는 작업장의 규모나 일의 종류에 상관없이 어느 곳에서든 적용이 가능하다. VP를 현장에 적용한 수많은 사례 중에서 눈에 띄는 곳은 광양시 중마동에 있는 동화나라 어린이집이다.

광양제철소 사원인 남편에게서 VP에 관한 얘기를 들은 원장은 VP가 어린이집을 효율적으로 운영하는 데 아주 적합한 시스템이라는 생각이 들었다. 비록 교사 6명과 조리사 1명뿐인 작은 조직이었지만 의외로 서로간의 의사소통이 힘들었기 때문이다. 특히 교사들은 각자의 반에만 신경 쓸 뿐 어린이집 전체의 일은 잘 알지 못했다. 물론 각자의 반에 들어가면 다른 반에서 무슨 일이 일어나는지 알 수 없는 상황이긴 했다. 그러다 보니 어쩌다 아이가 아파서 몇 시에 약을 먹여달라는 어머니의 부탁을 받고도 눈앞에 담당교사가 없으면 그냥 잊기도 했고, 우리 아이를 몇 시에 데려갈 테니 기다려달라는 부탁도 잊기 십상이었다.

그런데 어린이집 입구에 VP 보드를 만들고 6명의 교사와 조리사가 각자의 할 일과 업무처리 정도를 표시하자 그런 일이 말끔히 해결되었다. 자신이 맡지 않은 반의 어린이 일도 보드에 적힌 것을 보고 누가 아픈지, 누가 그날 통학버스를 타지 않는지 훤히 꿸 수 있었던 것이다. 또한 어린이집을 방문한 어머니들은 교사들이 낱낱이 적어 놓은 일을 보면서 얼마나 자상하게 아이들을 보살피는지 알게 되어 교사들을 더욱 신뢰했다.

특히 "각 반에 갇혀 있던 일들이 보드 하나에 일목요연하게 펼쳐지자 어린이집의 모든 상황을 한눈에 확실히 파악할 수 있었다"는 원장의 말은 VP가 얼마나 효율적인 작업 관리 프로그램인지 잘 설명해준다.

적자 부서가 흑자로 뒤바뀐 사건

•••
　미국발 금융위기가 시작되기 전만 해도 세계 철강 수요의 엄청난 증가로 400계(系) 스테인리스 제품은 만드는 족족 팔려나갔다. 하지만 경제위기가 닥치면서 스테인리스를 생산하는 STS 2제강의 가동률은 30퍼센트까지 떨어지고 말았다. 불안감이 밀려들면서 현장의 분위기가 하루가 다르게 나빠지자 지현룡 공장장은 위기를 돌파할 무언가를 찾아야 한다는 압박감에 시달렸다.
　고민에 고민을 거듭하던 그의 뇌리에 문득 문제점을 드러내 실행력을 높인다는 VP가 떠올랐다. 그것이야말로 지금의 위기를 기회로 만드는 최선의 방법이라고 생각한 지현룡 공장장은 VP 활동을 벤치마킹했다.
　우선 그는 교육을 통해 전 사원이 미국발 금융위기로 인한 현실적인 어려움을 마음으로 느끼고 공감대를 형성하도록 했다. 나아가 '내가 이 공장의 주인이라면 어떻게 할 것인가'를 생각하게 하는 것으로 혁신을 시작하면서, 지금 하고 있는 일이 경영 성과와 어떻게 연계되는지 알 수 있도록 VP와 V-MBO(Visual Management By Object, 목표 관리) 활동을 계획했다. 특히 VP를 거부하는 사원들을 아우르기 위해 공장 실행 전략을 공유하고 와글와글 토론회, 벽 없는 조직, 팀 파워 등을 실행하면서 마음의 벽을 무너뜨리는 데 집중했다.

각 부서는 대개 1주일 정도를 준비해 VP 활동을 시작했지만 STS 2제강은 3개월에 걸쳐 준비를 했다. 이들은 먼저 STS 2제강호가 나아가야 할 5가지 공장 실행 전략을 세우고, 개개인이 어떤 목표를 어떻게 실행할 것인지 그 구체적인 액션플랜을 설정했다. 그리고 각 파트장의 V-MBO, 팀별 V-MBO, 개인별 V-MBO를 VP 보드에 가시화했다.

처음에 사원들은 자기 업무를 드러내는 것을 두고 마치 치부를 드러내기라도 하는 것처럼 부끄러워했다. 또한 '이게 내 업무의 전부인가'라는 생각도 하고 자기 업무를 많은 사람 앞에서 이야기하는 것을 어색해했다. 이를 해소하기 위해 스탠딩 미팅(Standing Meeting)의 주관자가 유머를 날려 분위기를 반전시켰고, 잘 모르는 용어가 나오면 즉석에서 OPL(One Point Lesson)을 활용해 이해할 수 있도록 했다. 이러한 과정을 거치면서 사원들은 스탠딩 미팅을 통해 모든 공정에 대한 관심과 정보를 공유하게 되었다.

이에 따라 예전에는 공장의 중요한 문제가 일부 감독자의 전유물처럼 여겨져 담당자간 조업 검토 회의를 열어 해결책을 찾았지만, 지금은 공장의 문제를 전 사원이 함께 고민하고 지혜를 모아 스탠딩 미팅에서 해결하는 'STS 2제강만의 VP'가 자리를 잡게 되었다.

제강 공정을 책임지고 있는 정득식 파트장은 "나는 VP 활동으로 퇴직 후의 희망을 찾았다. 부도난 회사에 꼭 우리 공장의 VP 활동을 적용시켜 그 기업을 회생시켜 보고 싶다"라고 말했다. 또한 QSS를 담당하는 유형근 파트장은 "내가 움직이면 지표가 좋아지고 그렇지 않으면 지표가 움직이지 않는다"라며 V-MBO 활동과 자신이 일체화한 모습을 보여주었다.

VP와 V-MBO 활동의 효과는 학습동아리에서도 나타났다. 먼저 교대근무로 인해 서로 만나기 어려운 사원들은 학습동아리에서 격려와 칭찬을 나눴고, 등록되는 모든 글에 진심어린 관심과 적극적인 의견을 펼치면서 사람들의 참여가 늘어났다. 이와 더불어 팀별 실적 공개를 금기시하고 벽을 쌓던 현장이 학습동아리에 참여해 실적을 공개하고 서로 도움을 주고받는 현상이 나타났다.

2008년 하반기만 해도 스테인리스는 적자를 내는 부서로 인식돼 제철소에서 외면당하는 듯한 느낌까지 받았지만, 이제는 양대 제철소와 서울 사무소의 모든 부서가 VP와 V-MBO 활동을 벤치마킹하기 위해 STS 2제강 공장으로 찾아오고 있다.

최고급강을 만들어낸 힘의 원천

제강부의 프로젝트 리더 최현수 박사는 제강분야 전문가로서 광양제철소로 파견을 나와 있다. 포항의 가족과 떨어져 광양제철소에서 프로젝트 리더로 일하는 그는 자동차용 강판의 청정도 향상 기술 개발 도전과제를 성공적으로 수행해 포스코 최고의 기술상인 '2007년 제철 기술 혁신상'을 수상했다.

"기존의 식스시그마 BB과제를 단독 수행할 때와 달리 도전과제 팀을 구성해 오프잡 활동을 함으로써 기술 개발에 집중도를 높일 수 있었던 게 가장 큰 성공 요인이지요. 또 하나는 확실한 목표를 세워 현장 엔지니어와 기술연구소의 연구원이 뭉쳐 이론과 현장을 상호 보완한 것이 시너지 효과를 낸 겁니다. 덕분에 단기간의 기술 개발과 현장 적용이 동시다발적으로 진행될 수 있었죠. 더구나 제철소장과 담당임원이 주기적인 멘토링으로 힘들 때마다 즉각 도움을 준 것이 개발 속도를 높이는 효과를 발휘했습니다."

세계 최초로 초고강도 도금 강판의 상용화에 성공해 일본 철강사들을 긴장하게 했던 김종상 박사 역시 성공비결을 도전과제의 힘으로 돌린다. 새로운 강종을 개발해 고객사에 양산 적용하기까지는 보통 2년 이상이 걸리는데, 그가 AHSS(초고강도강)를 개발해 국내 자동차사에 양산 적용하기까지는 불과 9개월밖에 걸리지 않았다. 특히 1,180Mpa급 AHSS는 차체의 측면 충돌 안정성을 높이기 위해 사용되는 부품으로 김 박사가 세계 최초로 개발했다.

사실 AHSS 강종은 제강, 열연, 냉연, 도금 등 각 공정을 거칠 때마다 어려운 문제가 불거져 애를 먹곤 했다. 그때마다 공정별로 스카우트된 엔지니어들이 도전과제를 통해 집중적으로 문제를 해결함으로써 신화적인 성공을 거두게 된 것이다. 덕분에 2010년에는 국내 모 자동차사의 모든 차종에 AHSS가 적용될 전망이다.

"도전과제팀을 처음 만났을 때 뭔가 될 것 같다는 좋은 느낌이 들었습니다. 사실 새로운 강종을 개발하는 것은 상당한 스트레스를 감내해야 하는 일이잖아요. 그런데 이번에는 그렇지 않았습니다. 각 분야의 전문가들이 한자리에 모여 오로지 연구에만 신경 쓸 수 있어서 마음이 참 편했습니다. 그래서 그런지 연구 속도가 정말 빨랐습니다. 도전과제가 그토록 놀라운 효과를 낼 줄은 몰랐습니다."

민경준 품질기술부장은 지금도 도전과제가 이루어낸 성과들이 도무지 믿기지 않는다는 듯 머리를 휘휘 내젓는다. 각 분야의 기술을 한자리에 모아 집중시킨 도전과제의 성공이야말로 최고급강을 만들어낸 힘의 원천이었다.

함께하는 QSS, 인생을 배운다

· · ·
 EIC기술부의 EIC기술팀 손병락 SV는 1977년 포스코 포항제철소의 전기수리 공장에 입사했다. 그리고 30년이 넘는 세월 동안 시대의 변화에 대응해가는 기업의 경영 정책에 따라 ZD(Zero Defect, 무결점), TPM, 자주 관리, 제안, 직무 발명, GB, QSS 등 어느 것 하나 열심히 하지 않은 게 없었다.
 그날도 QSS 활동을 하던 중에 건강검진을 받았다. 매해 받았던 건강검진이고 몸도 건강해서 출근하지 않을 정도로 특별히 신경 쓰지 않았던 것이다. 그런데 검진 결과는 놀랍게도 대장암으로 나타났고 의사는 당장 서울로 올라가 수술을 받으라고 했다.
 평소처럼 정시에 출근한 손 SV는 사원들에게 일을 나눠주고 회사 문을 나서며 뒤를 돌아보았다. 30년 넘게 일해온 그 직장에 어쩌면 두 번 다시 돌아올 수 없을지도 모른다는 생각에 눈시울이 붉어졌다. 그곳은 그에게 단순한 일터가 아니었다. 일을 하고 급여를 받는 곳을 넘어 젊음과 소망이 녹아든 곳이었다.

다행히 수술은 성공적으로 끝났고 퇴원해서 직장으로 돌아온 그는 아프기 전과 똑같이 일했다. 병마와의 싸움에서 그를 일으켜 세운 것은 의사의 처방전이 아니라 동료들이 건넨 따뜻한 말 한마디와 그의 손길을 기다리는 설비였다.

그는 아프기 전보다 더 열심히 QSS 활동에 몰두했고 전동기 중앙창고 보관품 재정리 및 운영방안 정립, 재고 관리 시스템 구축 활용, 재권선 수리 작업장 개선 등 분야별 개선 활동을 펼쳤다. 또한 각종 수리 공장 설비 개선, 수리품 물류 흐름 개선, 공장 레이아웃 변경, 공장 작업 환경 개선, 분진 등 오염 발생원 제거, 현장 돌발 출동 LOSS 제거, 대형 현장 작업 개선 등 수많은 낭비 요소를 제거하고 불합리함을 개선했다. 나아가 발생원 제거 작업과 작업장 개선 작업을 비롯해 물리적, 시스템적 개선 활동을 펼쳤다.

그 결과 최우수 학습동아리, 최우수 종합지식, 우수제안, 직무발명, 대형 전동기 고장 수리 기술 개발, QSS 성공사례 견학 공장, 기술 자격 최다 보유 등 수많은 타이틀을 얻었다.

"저에게 스포트라이트가 집중되는 것은 불합리합니다. 오히려 아픈 저를 감싸 안고 함께해준 동료들이 박수를 받아야지요. 우리 팀원들은 제가 병을 이기고 살아날 수 있도록 사랑과 격려를 아끼지 않았습니다. 병마와 싸우면서 제가 형제보다 더한 동료들을 얻었다는 것을 깨달았죠. QSS는 동료들의 희생과 사랑 없이는 불가능합니다. 저를 살린 것은 QSS를 통한 사랑입니다. 저는 QSS를 통해 인생을 배웠습니다."

정성과 시간은 배반하지 않는다

• • •
　화성부의 김인곤 공장장은 학습동아리를 사랑한다. 그가 남들보다 길고 내용이 풍부하며 짜임새 있는 댓글을 달게 된 것은 학습동아리에 글을 올린 사람들을 기쁘게 해주려는 사랑 때문이었다. 그는 학습동아리를 운영하면서 공장장으로서 세 가지 원칙을 정했다.

　첫째는 전 사원이 의미 있는 글을 올릴 수 있는 난장을 만들어야 한다는 것, 둘째는 올라온 글은 단 하나도 놓치지 않고 댓글을 달아야 한다는 것, 셋째는 댓글을 달 때 정성을 다해야 한다는 것이다.

　그가 이 세 가지를 반드시 지키게 한 이유는 화성 공장의 특성과 깊은 관련이 있다. 화성 공장은 제철소 유일의 전문 화학 공장으로 다양한 물질을 취급하는 설비가 몹시 위험해 다루기가 쉽지 않다. 그리고 모든 작업은 컴퓨터로 처리하기 때문에 사원은 65명에 지나지 않는다. 이처럼 적은 인원으로 많은 설비를 다뤄야 하는 터라 직무 지식을 엔지니어 수준으로 끌어올리는 것은 선택이 아닌 필수다. 그저 모니터를 보고 버튼만 누르는 것이 아니라 모든 조업 과정을 알고 다음 상황을 예측할 줄 알아야 하기 때문이다. 이에 따라 모든 사원은 끊임없이 학습을 해야만 했다.

공장의 역량을 키우려면 무엇보다 반 단위의 학습이 필요한데, 그런 면에서 학습동아리는 아주 적절한 방법이었다. 김인곤 공장장은 학습동아리에 글을 올리고 서로 댓글을 달아주는 방법으로 개인의 역량을 충분히 향상시킬 수 있을 거라고 보았다. 경험과 지식을 나누는 데 그보다 더 좋은 방법은 없어 보였던 것이다.

문제는 사원들이 성의를 다해 글을 올리도록 참여를 이끌어내는 데 있었다. 김인곤 공장장이 그 방법으로 생각해낸 것은 '정성어린 댓글 달기'였다. 정성어린 댓글을 달려면 올라온 글을 꼼꼼히 읽고 이해하는 것은 물론 정성과 시간이 들어가야 한다. 자신이 올린 글에 그처럼 성실한 댓글로 응답을 받은 사람은 또다시 글을 올리게 되고 그러면서 학습동아리는 자연스레 활기를 띠게 된다.

그의 학습동아리는 이미 오래 전에 '만나는 장'을 넘어섰다. 화성 공장의 학습동아리는 사원간의 지식과 지식이 만나는 장이자 서로 다른 의견이 충돌하는 문제해결의 장인 것이다. 화성 공장은 이처럼 웹상에서 만나 의견을 나누고 조율하면서 사이버 공장을 만들어냈다. 학습동아리가 마치 살아 있는 생명체처럼 여러 사원의 의견을 받아들여 새로운 해결방법을 찾아주는 셈이다.

김 공장장은 해외출장을 갈 때도 반드시 노트북을 가져간다. 그리고 그곳이 독일이든 프랑스든, 혹은 일본이든 틈틈이 학습동아리 활동을 살펴본다. 이렇게 출장지에서도 시시각각으로 업무를 챙기니 출장으로 인한 업무 공백은 거의 없다. 또한 출장 간 곳의 정보를 사진까지 찍어 상세한 설명과 함께 학습동아리에 올려 화성 공장 전 사원과 소중한 정보를 공유한다.

손자들의 싸이를 드나드는 멋쟁이 할머니

　김맹엽 씨는 외주파트너사인 광양조경의 사원으로, 그녀는 제철소 조경을 담당하는 업무를 수행한다. 컴퓨터를 켜고 끌 줄도 몰랐던 그녀가 학습동아리의 열렬한 회원이 되어 범포스코 혁신 페스티벌 때 대형 스크린에 모습을 드러낸 것은 거의 기적 같은 일이었다.

　사실 포스코가 학습동아리를 외주파트너사로 확대하기로 한 결정은 많은 저항을 불러왔다. 외주파트너사의 사원들 중에는 최종 학력이 낮고 나이가 많아 컴퓨터를 사용할 줄 모르는 사람이 상당수 있었기 때문이다.

　외주파트너사의 사원들을 교육시키기 위해 파견된 포스코의 젊은 사원들은 컴맹에다 나이 많은 사원들을 상대로 학습동아리를 어떻게 가르쳐야 할지 난감했다. 젊은이들이 일상적으로 쓰는 컴퓨터 용어조차 그들에게는 알아듣기 힘든 외국어와 다를 바 없었기 때문이다.

"자, 컴퓨터를 부팅하는 것부터 시작하겠습니다. 일단 컴퓨터를 켜신 다음 자신의 아이디를 말씀해주십시오."

본사에서 파견된 젊은 사원의 말이 채 끝나기도 전에 여기저기서 웅성거리는 소리가 들려왔다.

"아니, 부팅이 뭐여? 아이디? 그건 또 뭣인데?"

할 수 없이 본사 사원은 컴퓨터의 스위치를 넣는 것부터 시작해 글자판의 자음과 모음을 어떻게 모아 글자를 만드는지 가르쳤다. 난생 처음 컴퓨터를 대하는 이들도 적지 않아 자신의 이름을 글자판으로 치는 데도 꽤 많은 시간이 걸렸지만 반응은 가히 폭발적이었다. 김맹엽 씨 역시 이때 컴퓨터를 처음으로 만져보았다.

"아, 컴퓨터는 공부 많이 한 사람들이나 만지는 것인 줄 알았지요. 나처럼 못 배운 사람은 감히 만져볼 수 없는 물건인 줄 알았어요. 그런데 내 이름 석 자를 쳐놓고 보니 내가 무슨 박사라도 된 것 같더라고요."

시부모 모시고 살림하랴, 회사 다니랴, 퇴근하면 밭일까지 해야 하는 형편에 컴퓨터를 배워 학습동아리를 해야 한다니 걱정이 태산 같았지만 김맹엽 씨는 하루하루 컴퓨터를 알아가는 게 마냥 신기하고 즐거웠다. 물론 처음에는 집안일을 끝내고 회사에서 배운 것을 복습하려고 컴퓨터 앞에 앉으면 켜는 방법조차 생각나지 않을 만큼 컴퓨터가 낯설었다. 손자 녀석의 컴퓨터를 행여 망가뜨리면 어쩌나 하는 걱정이 앞서 글자판을 누를 때마다 겁이 나기도 했다.

"정말 속상했어요. 남들처럼 많이 배우지 못한 처지가 어찌나 원망스럽던지…… 이러다 컴퓨터를 못해서 10년 넘게 일한 직장에서 쫓겨나면 어쩌나 하는 생각이 들자 눈물이 절로 나더군요. 그래서 이를 악물고 배웠습니다. 한 번 해서 모르면 열 번, 백 번 계속했어요."

그렇게 열심히 해도 컴퓨터는 어려웠다. 기껏 몇 글자 적어 놓으면 휘리릭 날아가 버리고 누르지도 않은 별이며 삼각형이 모니터 위를 마구 떠다니는 바람에 가슴이 답답했던 적이 한두 번이 아니었다. 그러나 김맹엽 씨는 회사에서 큰 글씨로 확대해준 아이디와 비밀번호를 안방의 벽에 붙여 놓고 날마다 글자판을 치고 또 쳤다.

그러한 노력 끝에 그녀는 마침내 회사의 학습동아리방에 들어가 한 줄짜리 글을 남겼다. 그런데 그 서툰 글에 사장님과 동료들이 줄줄이 댓글을 달아주는 것이 아닌가. 그 댓글을 읽는데 어찌나 기분이 좋던지 난생 처음 다른 사람들에게 인정을 받은 것 같아 기분이 하늘로 붕 떠올랐다.

이제 김맹엽 씨는 학습동아리에 글을 올리고 댓글을 다는 수준을 넘어 손자들의 사진도 올리고 받는 것도 잘한다. 가끔은 손자들의 싸이월드에 들어가 "사진 잘 봤다. 정말 예쁘구나. 할머니."

라는 댓글을 남기기도 한다.

"컴퓨터를 배우니 얼마나 좋은지 몰라요. 우리 사원들끼리 컴퓨터로 별별 얘기도 다하고 늙어서 부부간에 연애편지도 보내고 말이에요. 컴퓨터 덕분에 다시 청춘시절로 돌아간 기분이랍니다. 컴맹이었던 나를 이렇게 만들어준 광양제철소 사원들한테 뭐라 말할 수 없이 고맙지요."

chapter 06
최고가 되려면
최고에게 배워라

벤치마킹에 성공하기 위한 두 가지 원칙

사회에 첫발을 내딛은 사람들은 보통 상사의 등을 보고 배운다. 신입사원이 현장 부서에 배치되었을 때 학교에서 배운 지식을 현장에 곧바로 적용하기는 어렵다. 포스코에 입사한 사원들 역시 처음 마주한 불덩어리, 즉 용광로를 지키는 일에서 두려움을 느끼기는 마찬가지다. 그럴 때마다 그들에게 가르침을 주는 존재는 두꺼운 책이 아니라 직속상사다. 행동을 통해 묵묵히 불을 어떻게 다루는지, 온도는 어떻게 유지하는지를 가르쳐주는 것이다. 윗사람의 일하는 방식이나 손놀림, 용광로를 체크하는 눈길은 모두 신입사원의 표본이 된다.

나이가 들고 승진한다고 해서 이러한 벤치마킹이 사라지는 것은 아니다. 높은 자리에 오르면 또 더 높은 사람을 따라 일을 배우게 된다. 마치 형의 어깨너머로 글자를 깨우치던 어린시절처럼 상사의 등을 보고 회사 일을 배우는 것이다. 그리고 그렇게 얻은 현장 지식은 다른 어떤 교육보다 확실하고 현실적이다.

벤치마킹에서 성공하려면 '사원들보다 리더가 먼저 배우라'는 원칙을 반드시 지켜야 한다. 사원들보다 리더가 먼저 체험해보는 것은 생각보다 쉽지 않은 일이지만 광양제철소는 반드시 TOP이 먼저 벤치마킹을 한다.

제철소의 TOP은 단순히 제철소 안의 일만 처리하는 사람이 아니다. 오히려 제철소 밖의 일이 더 많고 그것은 복잡하기까지 하다. 그럼에도 사원들을 교육시킬 곳을 미리 돌아보고 또한 내용이 훌륭하면 몇 번이라도 사원들과 함께 벤치마킹을 위한 현장을 찾는 것은 분명 남다른 태도다.

벤치마킹에서 성공하려면 반드시 두 가지 원칙을 지켜야 한다. 하나는 어떤 일이든 전 사원이 함께 체험해야 한다는 것이다. 물론 여기에는 리더도 포함된다. 다른 하나는 벤치마킹을 하기 전에 반드시 벤치마킹할 부분이 무엇인지, 무엇을 보아야 하는지 사원들을 확실히 교육시켜야 한다는 것이다. 어떤 경우든 불구경을 가서 물놀이를 하고 돌아오는 일은 없어야 하기 때문에 사전교육은 매우 중요하다. 벤치마킹을 마치고 돌아와 느낀 것을 서로 나누는 토론회도 잊어서는 안 된다. 벤치마킹 경험을 서로 이야기하며 완전히 자기 것으로 만들어가는 과정을 거쳐야만 교육 효과가 확실해지기 때문이다.

개선하기 위해 출근하는 도요타

•••
　도요타는 세계에서 가장 많은 기업이 벤치마킹을 하는 회사다. 최고의 생산효율을 자랑하는 TPS 기법의 현장이자 자동화와 JIT(Just In Time), 후 공정 인수, 표준화, 5S 등 수많은 현장 개선 방법을 만들어낸 회사이기 때문이다.

　글로벌 넘버원을 향해 나아가는 포스코 역시 도요타를 뛰어넘겠다는 각오로 도요타를 벤치마킹하고 있다. 해마다 개선리더들이 도요타를 다녀올 정도로 도요타를 벤치마킹하는 데 많은 정성을 기울이는 것이다. 리더들이 "일본으로 출장 갑니다"라고 말하면 으레 도요타를 가는 것으로 알 만큼 도요타는 포스코에게 학습의 대상이다. 그들을 알아야 뛰어넘을 수 있기 때문이다.

　포스코 사원들이 도요타에 가서 배우고자 한 것은 바로 개선(카

이젠) 활동이다. 도요타 사원들은 개선하기 위해 출근한다는 말이 있을 정도로 '개선 활동'에 모든 것을 걸고 있다. 도요타에 들어서면 가장 먼저 눈에 띄는 것이 바로 여전히 새 것처럼 반짝거리는 30년 묵은 설비다.

"이렇게 반짝이는 설비가 사실은 30년이나 묵은 것입니다."

이 한마디에 견학을 간 포스코맨들은 누구나 입을 쩍 벌리고 만다. 말로만 들을 때는 '그까짓 청소' 하던 것이 막상 눈으로 보자 저절로 머리가 숙여질 정도로 개선 활동이 대단했기 때문이다.

"설비를 청소하고 정돈하는 개선 활동은 현장의 낭비를 줄여줄 뿐 아니라 불필요한 점검 활동을 미리 막아줘 생산성을 높이는 데도 한몫합니다. 도요타 사원들에게는 청소가 바로 점검이죠."

도요타 공장을 한 바퀴 돌아보는 것만으로도 설비를 얼마나 깨끗이 관리하는지, 생산라인이 어느 정도 빠르고 정확하게 돌아가는지 한눈에 보일 지경인데 한마디 한마디가 마음을 콕콕 쑤신다. '우리도 해보자' 하는 말이 입 안에서 웅얼거릴 정도로 말이다.

"도요타에서는 '일을 한다'라는 말이 '부가가치를 높이는 작업을 한다'라는 뜻으로 쓰입니다. 부가가치가 없는 일은 일이 아니라는 얘기지요."

도요타를 안내하는 사원은 다시 한 번 비수를 꽂았다. 아무리 바쁘게 땀 흘려 일해도 그 일이 부가가치를 높이지 못하면 그건 '일'이 아니라는 말이 아닌가. 나는 과연 하루에 몇 시간이나 의미 있는 일을 했을까? 내 일은 얼마만큼의 부가가치를 창출할까?

도요타식의 사고방식은 형식적이고 겉치레뿐인 개선 활동에 머물러 있던 많은 사원 사이에 큰 반향을 불러일으켰다. 중요한 것은 '열심히'가 아니라 '부가가치를 얼마만큼 높였는가'에 있다는 사고방식이 현장 개선 활동이 나아갈 방향을 간단하게 웅변해주었기 때문이다.

도요타를 보고 온 사원들은 회사에서 왜 그토록 많은 사원을 도요타에 보내는지 그 의도를 충분히 알아차렸다. 그저 보고 오는 것만으로도 현장 개선 활동의 필요성과 그 진행 방향이 피부로 와 닿았던 것이다.

"한 생산라인에서 여러 종류의 차를 혼류생산하면서도 모든 작업이 일사천리로 진행되는 것을 보고 감탄하지 않을 수 없었습니다. 기계 설비와 사람이 하나가 되어 일사분란하게 움직이는 모습이 가히 예술적이었죠. 백문이 불여일견이라고 그들의 현장을 직접 보고 나니 왜 우리의 현장을 바꿔야 하는지 그 이유를 알겠더군요. 이번 도요타 견학으로 우리 현장에서는 아직도 낭비되는 요소가 너무 많다는 걸 깨달았습니다."

도요타의 TPS를 직접 보고 돌아온 사원들은 실제로 현장 관리에서 많은 변화를 보였다. 귀찮게만 여기던 현장 개선 활동이 사실은 일의 효율을 높이고 일하는 재미를 안겨준다는 것을 깨닫자 QSS 활동에 훨씬 더 적극적으로 임했던 것이다.

강한 현장에서 최고의 제품이 나온다

•••
　포스코는 업종을 불문하고 학습 기회가 되는 곳은 어디든 찾아다니며 새로운 노하우를 흡수한다. 그야말로 온몸으로 현장의 통섭을 이뤄내고 있는 것이다. 늘 사원들의 열정을 불러일으킬 기회를 찾기 위해 애쓰는 허 소장의 눈에 띈 대표적인 기업 중 하나가 철을 만드는 회사와 전혀 상관이 없을 것 같은 제일모직이다. 허 소장은 즉각 벤치마킹을 시도했다.

"내일은 모든 간부사원이 제일모직으로 벤치마킹을 갑니다."

"아니, 실을 만드는 회사로 벤치마킹을 하러 간단 말입니까?"

사원들의 얼굴에 생뚱맞게 무슨 실 공장이냐는 듯한 표정이 역력했다.

"포스코가 철을 만드는 회사라 실을 만드는 회사에서는 배울 게 없을 것 같아 걱정하시는 건가요?"

　허 소장은 더 이상 아무 말도 하지 않았다. 실상을 알지 못하는 그들에게 이런저런 말을 늘어놓은들 무슨 소용이란 말인가. 그저 그 '실을 만드는 회사'에서 눈으로 보고 귀로 듣기 전에는 상상조차 할 수 없는 일이 일어나고 있음을 한시라도 빨리 경험하게 해주고 싶을 뿐이었다.

　IMF 직후, 제일모직의 여수 공장은 생존 자체가 어려울 정도로 휘청거렸다. 한때는 우리나라 최고의 석유화학업체로 이름을 날리기도 했지만 값싼 노동력을 바탕으로 한 중국의 저가 공세에 밀려 공장의 일거리를 모두 잃었기 때문이다. 탓에 모기업인 삼성에서는 제일모직 여수 공장을 정리하려는 움직임을 보이기도 했다.

　하지만 제일모직은 삼성그룹의 모태라고 할 수 있는 기업이 아닌가. 망하기 직전에 놓인 회사에 새로 부임한 안형규 공장장은 어떻게 해서든 회사를 살려내겠다는 각오를 다지고 혁신의 칼날을 뽑아들었다. 부임하자마자 깊은 실망감에 빠진 사원들을 독려하며 모든 것을 바꾸는 혁신을 시작했던 것이다. 그리고 8년 만에 기적적으로 제일모직 여수 공장을 진흙 속의 진주로 거듭나게 만들었다.

　대체 무엇을 어떻게 했기에 정리될 운명에 처했던 회사가 벤치마킹 대상으로 화려하게 부활한 것일까? 안 공장장은 우선 일본의 TPM(Total Productive Maintenance, 종합 생산 관리) 기법을 도입해 현장을 개선하고 낭비를 없애는 것은 물론 초인적인 원가절감으로 위기를 헤쳐나갔다. 한 설비에서 100개의 결함 찾기, 사각지대에서 결함 찾기 등 설비를 꼼꼼히 살펴 생산성을 높이고 고장을 미리 예방하는 전략을 채택했던 것이다. 이 과정에서 설비를 쓸고 닦고 정비하는 일련의 청소 작업을 철저히 시행하는 것과 더불어 일상적으로 낭비를 없애고 개선하는 활동을 전개했다.

개선 활동은 8년간 꾸준히 이어졌고 결국 제일모직 여수 공장은 2005년에 사상 최대의 흑자를 기록했다. 같은 화학업종에서 세계적인 경쟁상대인 듀퐁이 산업 스파이를 보낸다는 소문이 나돌 정도로 제일모직은 앞서가는 석유화학업체로 거듭났던 것이다.

시장의 환경 변화에 대응하지 못해 그룹의 퇴출대상 1호가 되었던 제일모직 여수 공장 사원들에게 혁신은 살기 위한 투쟁이었다. 이들이 불과 8년 만에 '한국의 도요타'라는 별명을 얻으며 화려하게 일어선 배경에는 최고책임자의 솔선수범과 뛰어난 리더십, 그리고 8년간 쉼 없이 혁신 활동을 실행한 사원들의 피나는 노력이 있었다.

제일모직 사원들은 혁신을 통해 성공을 체험하면 할수록 하나같이 혁신에 빠져들었다. 회사가 흑자로 돌아선 뒤에도 혁신의 허리띠를 풀지 않고 현장의 결함을 찾아내고 끊임없이 개선하는 일에 골몰할 정도로 말이다. 그들은 회사가 문을 닫을 지경으로 밑바닥을 경험한 사람들만 가질 수 있는 절박함으로 똘똘 뭉쳐 강한 시너지를 창출했던 것이다.

광양제철소의 간부사원들은 제일모직 여수 공장에 들어서자마자 깜짝 놀랐다. 온 공장이 손가락으로 문질러도 먼지 한 점 묻어 나지 않을 만큼 깨끗했기 때문이다.

"이거야 원, 반도체 공장인 줄 알겠구먼."

그들을 더욱 놀라게 한 것은 사원들이 보여주는 혁신의 열기였다. 위기를 극복하고 세계적으로 주목받는 공장으로 일어섰건만 사원들은 여전히 혁신의 한가운데에 있었다.

"이거 우리만 봐서는 안 되겠는걸요. 전 사원이 견학할 수 있도록 준비를 해야겠어요. 이거야말로 살아 있는 혁신의 현장입니다."

간부사원들의 주장으로 파트장과 반장을 포함해 현장의 교대근무자들이 조를 짜 여수 공장을 견학하기 시작했다. 감동의 물결이 사원들 사이로 퍼져나가면서 전 사원의 3분의 1이 여수 공장으로 몰려가자 광양제철소 때문에 공장 업무가 마비될 지경이라는 비명이 들릴 정도였다.

제일모직 여수 공장을 보고 돌아와 밤늦게 열린 토론회의 열기는 여느 견학 때보다 뜨거웠다.

"제가 참 경솔했습니다. 솔직히 잘 나가는 회사, 매출액이 어마어마한 회사라는 자부심에 가득 차 건방진 마음으로 그곳에 갔습니다. 하지만 정말로 중요한 것은 매출액 규모가 아니라 회사가 지속적으로 성장할 수 있는 동력을 갖추는 것이라는 사실을 여수 공장에서 깨달았습니다."

"적자를 내지 않는 회사라는 자만심에 젖어 우리가 최고라는 자기만족을 버려야 합니다. 제일모직의 위기도 바로 그런 마음자세에서 왔을 것입니다."

"여수 공장처럼 모든 것에서 완벽을 기하는 자세를 배워야 합니다. 공장을 돌아보는 동안 여수 공장을 한국의 도요타로 불러야 한다는 생각이 들었습니다. 그만큼 현장의 모든 설비가 거울처럼 반짝거렸습니다. 우리도 마이머신 활동을 더욱 강화해야 합니다. 강한 현장에서 최고의 제품이 나온다는 것을 실감한 견학이었습니다."

밤늦도록 이어진 토론회에서 사원들은 한결같이 혁신의 정신을 이야기했다. 이들은 여수 공장을 견학한 뒤 혁신의 정신, 혁신의 열정을 얻었던 것이다. 중요한 것은 이들이 토론에 그치지 않고 배운 것을 곧바로 현장 개선 활동에 접목했다는 점이다. 현장 설비를 개선하는 일이 왜 필요한 것인지 깨달은 그들은 현장의 기계 설비를 쓸고 닦으며 기름때 묻은 현장을 유리알처럼 반짝거리게 만들었다.

살고 싶다면 죽을 결심을 하라

• • •

　저가 공세로 밀어대는 중국과 고급 기술로 앞서가는 일본 사이에서 최단 시간에 기술 개발을 이뤄 최고급강을 만들어내기 위한 아이디어에 골몰하던 허 소장은 어떻게 하면 속도 문제를 해결할 수 있을지 고민이 많았다. 한시라도 빨리 최고급강을 만들어내지 않으면 중국에 치여 하루아침에 침몰해버릴 수도 있다는 위기의식이 마음을 뒤흔들었기 때문이다. 이때 그가 선택한 것이 통합과제를 통해 기술 개발에 걸리는 속도 문제를 해결하는 방안이었다. 그런데 이러한 시도가 밖으로 알려지면서 잘못된 선택이라고 꼬집는 사람이 많았다.

　"포스코가 TDR(Tear Down & Redesign) 형태의 도전과제를 시작한다는 것이 사실입니까?"

"심각하게 고려하는 중입니다."

"그거 쉽지 않을 텐데요. 차라리 시작하지 않는 게 더 나을 겁니다."

"LG가 했는데 우리라고 못할 리 있습니까?"

"그건 LG니까 해낼 수 있었던 겁니다. 도전과제는 목숨이 경각에 달렸을 때만 선택할 수 있는 방법입니다. 당시 LG는 죽느냐 사느냐의 절박한 상황에 있었기에 TDR을 해낼 수 있었던 거지요. 포스코야 안정적인 상황인데 그게 가당키나 합니까?"

벤치마킹 의뢰를 받자 LG 측 사람들은 한결같이 그렇게 말했다. 하지만 사람들이 깨닫지 못해서 그렇지 광양제철소 역시 LG만큼이나 절박한 상황이었다. 단지 문제가 수면 밑으로 가라앉아 눈에 보이지 않을 뿐이었다.

1989년, 최악의 노사분규를 겪는 바람에 가전제품 1위 자리를 삼성전자에게 내준 LG는 뼈를 깎는 노력을 기울여 간신히 회사를 안전궤도에 올려놓았다. 그런데 세계적인 컨설팅 회사 맥킨지가 이제 막 한숨을 돌렸다고 생각하는 LG에게 느닷없이 사형선고를 내렸다.

"냉장고나 세탁기를 만드는 백색가전 사업은 더 이상 경쟁력도 없고 장래성도 없다."

당시 LG의 가전제품은 일본 제품을 모방하는 수준에서 머무른 데다 내수시장의 가전제품 보급률이 포화상태에 이르러 더 이상 수요가 늘지 않았다. 또한 외국으로 수출하는 제품이 LG 상표를 달지 못한 채 OEM 방식에 머물렀던 터라 맥킨지가 더 이상 희망이 없다는 진단을 내려도 할 말이 없었다.

찰나의 안도감을 맛본 창원의 LG전자 생활가전사업본부는 당장 생존을 걱정해야 할 판이었다. 엎친 데 덮친 격으로 1994년에 불어 닥친 가전제품의 시장가격 하락과 환율의 가파른 상승은 원자재를 모두 수입해야 하는 LG에게 가혹한 시련을 안겨주었다. 그렇다고 그대로 주저앉을 수는 없지 않은가. LG는 살아남기 위한 방안을 모색해야 했는데 아무리 머리를 쥐어짜도 회사를 혁신하는 것 외에 다른 길이 없었다.

그들이 선택할 수 있는 혁신은 오로지 기술 개발 하나뿐이었다. 기술 개발이라고? 혁신을 하겠다며 회사가 내놓은 해답에 사원들은 모두들 어이없어 했다. 지금까지 기술 개발을 하지 않은 적이 없지 않은가. 그런데 갑자기 무슨 수로 엄청난 수준의 기술 개발을 이룬단 말인가.

LG는 기술 개발을 전담할 TDR팀을 만들었는데, TDR이란 제품이나 서비스, 프로세스를 완전히 해체해 근원적으로 혁신하는 것을 말한다. 결국 그들이 부르짖은 혁신은 지금까지 해온 것을 모두 내버리고 완전히 새로운 회사로 거듭나겠다는 제2의 창립 선언이나 마찬가지였다.

방향을 정한 LG의 최고경영진은 모든 부서에서 20퍼센트의 인재를 차출해 TDR팀을 만들고 그 팀에게 위기를 극복해낼 수 있는 도전과제를 맡기기로 했다. 하지만 부서의 인재를 한꺼번에 20퍼센트나 빼내는 경영진의 계획은 극심한 반발에 부딪혔다. 인력이 20퍼센트나 빠져나간 뒤의 공백을 메울 방안도 없었고, 더욱이 차출된 인력이 사실은 구조조정 대상이라는 헛소문까지 나돌면서 아무도 TDR팀에 들어오려 하지 않았던 것이다.

어쩔 수 없이 회사는 기존의 조직을 완전히 무너뜨리고 여러 개의 과가 딸린 수직적인 조직을 팀으로 바꿔 수평화했다. 그리고 각 팀에서 인재들을 차출해 원가절감, 신상품 개발, 생산성 향상, 해외시장 개발 등의 구체적인 도전과제를 해결하는 TDR팀을 만들었다.

"TDR이 작동되자 사원들은 죽기 살기로 도전과제 해결에 매달렸습니다. TDR이 아니면 죽는다는 극도의 긴장감이 사원들의 연구열을 불붙게 만들었지요. 최고경영진도 과제들을 매달 직접 멘토링하면서 TDR을 적극 후원했습니다. 부서간의 조율이 요구되는지, 다른 부서의 지원이 필요한지를 일일이 챙겨 과제 진행에 걸림돌이 되는 부분을 즉각 제거해주자 여기저기서 놀라운 성과가 나타나기 시작했습니다. 나아가 도전과제가 하나둘 해결되고 성공 체험이 늘어나면서 사원들의 업무 몰입도도 빠르게 향상되었죠. 모두가 불가능하다고 했던 것이 성공한 것입니다."

당시 LG부회장이었던 김쌍수 한국전력공사 사장을 초청해 강연회를 연 포스코는 바짝 긴장하지 않을 수 없었다.

"야구에서 투수는 경기의 승패를 좌우하는 매우 중요한 존재죠. TDR에서 투수는 바로 TOP입니다. TOP이 열정을 가지고 과제를 성공시키기 위해 자신이 해야 할 일을 제대로 알고 끝까지 파고들면 반드시 성공합니다. LG는 TDR을 시작한 지 10여 년이 지난 지금도 TDR을 합니다. TDR을 하면서 위기를 극복하고 새로운 성공신화를 써왔기 때문입니다. TDR은 LG맨들을 '위대한 기업을 만든 위대한 사람들'로 거듭나게 한 혁신 엔진입니다."

강연회 직후 사원들은 LG를 찾아가 여러 차례 벤치마킹하면서 TDR이 실질적으로 어떻게 운영되는지 세밀히 살펴보았다. 그뿐 아니라 연구소의 연구과제들을 도전과제로 삼아 연구소장을 중심으로 TDR을 실험해보았다.

"TDR의 성공은 올바른 과제를 제대로 선정했는가와 과제를 성공시킬 만한 역량을 가진 사람을 제대로 뽑았는가에 달려 있습니다."

TDR 실험으로 자신감을 얻은 허 소장은 즉시 TDR 과제로 선정된 프로젝트들을 혁신 업무로 배치하고 과제를 성공시킬 만한 최적의 인물을 투입했다. 그가 부장인지 평사원인지는 중요하지 않았다. 또한 조직에서 절대로 내주지 않으려는 사람도 필요하면 당장 발령을 내가며 전사적인 TDR에 뛰어들었다.

남의 성공을 보고 깨닫는 것만으로는 별다른 의미가 없다. 그것을 내 성공으로 만들려면 적극 실천해야 한다. 포스코식 TDR은 남의 성공을 체험하고 내게 맞는 방법을 찾아낸다면 확실히 성공할 수 있다는 것을 잘 보여준다.

모든 사람이 지켜야 할 최고의 가치

••• 현장에는 온갖 위험 요소가 가득하지만 막상 현장에서 일하는 사람들에게는 위험에 대한 경계심이 별로 없다. 날마다 눈만 뜨면 보게 되는 현장에 익숙해져 그 속에 도사리고 있는 위험을 깨닫지 못하는 것이다. 비단 현장 근무자뿐이 아니다. 현장에는 잠깐 둘러보고 나올 생각으로 안전모를 쓰지 않은 채 공장에 들어가는 사람, 아무 생각 없이 설비의 스위치를 누르는 사람 등 아예 안전의식이 없는 사람도 있게 마련이다.

이러한 불감증이 커다란 문제를 유발할 수도 있음을 깨달은 허소장은 사원들을 호주의 제철소로 보내 안전교육을 받게 하겠다는 결정을 내렸다. 하지만 사원들은 그의 진지한 결정을 그다지 심각하게 받아들이지 않았다.

"안전이야 뭐 조심하면 그만인데 굳이 그 먼 호주까지 갈 것 있습니까?"

"아, 회사에서 보내준다는데 한 번 가보죠. 덕분에 시드니에서 오페라도 보고 캥거루 고기도 먹어 보고 말입니다."

대다수의 사원은 안전교육을 가볍게 생각한 나머지 애써 돈을 들여가며 안전을 배울 게 뭐가 있느냐는 반응을 보였다. 어쨌든 사원들은 허 소장의 뜻대로 호주로 떠나게 되었고 이들은 마치 소풍이라도 가는 것처럼 들떠 있었다. 그러나 떠나는 그들을 앞에 두고 허 소장은 심각하게 일침을 놓았다.

"안전재해는 사람을 가리지 않습니다. 스스로를 지키는 것은 물론 동료들의 안전을 위해서도 안전수칙은 철저히 지켜야 합니다. 한 순간의 실수로 안전사고가 나면 그것은 그대로 가족과 동료의 고통이자 슬픔이 된다는 것을 잊지 않아야 합니다. 흔히 생산성을 높이려면 안전수칙은 좀 무시해도 된다고 생각하지만 그것은 정말로 잘못된 생각입니다. 안전사고가 나면 어떻게 되는지 생각해 보십시오. 사고가 난 사람을 병원으로 옮기고 고장 난 설비를 손보느라 라인을 멈출 수밖에 없는데 어떻게 생산성이 좋아지겠습니까? 생산성도 품질도 안전이 지켜져야 달성할 수 있고 그것은 성과 역시 마찬가지입니다.

호주에 가는 것이 즐겁습니까? 하지만 여러분은 절대 관광을 가는 것이 아닙니다. 회사에서 상당한 비용을 들여 여러분을 그곳에 보내는 이유를 확실히 아셔야 합니다. 호주의 BSL제철소는 세계적으로 안전의식이 높기로 유명한 곳입니다. BSL사에 가시면 생산 현장에서 안전수칙을 얼마나 철저하게 지켜야 하는지 꼭 깨닫고 오십시오."

호주의 BSL사는 안전의 산 교육장으로 그들은 아주 사소해서 평소에 신경조차 쓰지 않는 것까지도 안전의 대상으로 삼고 있다. 덕분에 벤치마킹을 다녀온 사원들 사이에 "우리는 너무 힘하게 살았다"는 말이 떠돌기도 했다.

"우리는 안전 따로 실천 따로였는데 BSL은 모든 것이 안전을 기초로 돌아가고 있더군요. 정말 놀랐습니다."

"굳이 이렇게까지 할 필요가 있을까 하는 생각이 들만큼 섬세하게 안전 관리를 하는 게 인상적이었습니다. 그들의 현장을 보면서 우리가 얼마나 안전 관리에 무신경한지 알 수 있었죠. 우리가 으레 당연한 것으로 여기며 간과하고 넘어가는 것이 사실은 매우 위험한 것들이더군요."

안전에 대한 사원들의 인식이 달라지고 있음을 알게 된 경영진은 아예 BSL사의 안전부장을 광양과 포항으로 초청해 직책보임자와 외주사 CEO의 안전 리더십 교육을 부탁했다. 더불어 제철소 전 부서와 외주사에 대한 안전진단을 받았는데 안타깝게도 그 결과는 형편없었다. 상황이 그러했던 터라 BSL사 안전부장의 강연이 마음에 콕콕 와 닿는 것은 당연했다.

"안전을 지키려면 세 가지 요소가 매우 중요합니다. 첫째는 사원들이 리더의 솔선수범을 느낄 수 있도록 해야 합니다. 리더가

'모든 재해는 막을 수 있다'는 신념으로 안전수칙을 지켜나가는 적극적인 모습을 보여야 사원들이 변하기 때문입니다. 둘째는 누구에게도 예외가 없는 강력한 제도를 운영해야 합니다. 안전에 관한 규정은 직위고하를 막론하고 똑같이 지켜야 합니다. 마지막은 전 사원이 참여해야 합니다. 안전은 목숨을 담보로 한 것입니다. 목숨은 누구에게나 소중한 것이지요. 모든 사람이 안전이 최고의 가치라는 것을 절실히 깨달아야만 현장의 안전이 지켜지는 법입니다."

현장에 근무하는 사람은 누구도 예외 없이 안전사고에 노출될 수밖에 없다. 이러한 사실을 깊이 인식한 광양제철소는 BSL 방식을 받아들여 본사는 물론 외주파트너사의 전 사원에게까지 안전교육을 확대해나갔다.

그런데 당시 연규성 설비기술부장은 산업현장의 재해를 근본적으로 차단하려면 사원들의 교육만으로는 부족하다고 판단했다. 이에 따라 그는 신이 아닌 이상 사람은 언제든 실수할 수 있으므로 그럴 경우에도 재해를 방지할 수 있는 통합 관리 체제를 전 부서에 도입하자고 제안했다. 그 제안은 받아들여졌고 특히 쇳물을 만드는 제선부에서는 이미 6년 전부터 이러한 제도를 운영해오고 있다.

포스코의 대표적인 안전 시스템으로 설비 안전을 위한 ILS(Isolation Locking System)는 기계 및 설비를 점검하거나 교체, 수리하기 전에 설비를 에너지원으로부터 근원적으로 차단하고 임의로 재가동되는 것을 막는 시스템이다. 다시 말해 차단, 격리, 잠금이 동시에 이뤄지는 다중 안전 시스템으로 사람이 실수를 하거나 기계가 고장 나도 안전한 것이 ILS의 핵심이다. 이에 따라 광양제철소는 작업자의 실수나 설비가 비정상적인 상태에 놓일 때도 안전을 확보할 수 있게 되었다.

ILS는 의외의 효과도 안겨주었다. 에너지원이 차단된 것을 확인하기 위해 운전과 정비가 작업 전에 만나면서 작업을 할 때 예상되는 불안전한 요인을 미리 제거하는 부수적인 효과를 얻었던 것이다. 그뿐 아니라 공장장과 정비과장도 수리 현장을 직접 찾아가 확인하면서 안전의식이 더욱 강화되었다. 이렇게 전 사원이 나서서 안전에 주의를 기울이자 광양제철소의 재해발생률은 일본 철강사의 기록인 0.4보다 낮은 0.20 수준으로 떨어졌다.

이러한 광양제철소의 안전 활동은 그것이 일상적인 일 속에 녹아 기업의 문화로 승화할 때까지 한 순간도 멈추지 않을 것이다. 요즘에도 제철소의 리더들은 일주일에 두 번 이상 반드시 현장에 나가 SAO(Safety Act Observation) 원칙에 따라 작업자들의 행동을 멀리서 관찰한다. 이때 작업자의 순간 반응, 작업자의 위치, 안전보호구 착용 상태, 작업공기구 및 장비의 적절성, 작업 방법 및 절차, 인간공학적 적절성 등을 세밀히 관찰해 만약 안전하지 못한 행동을 하고 있으면 즉시 작업을 중단시키고 대화를 나눈다. 전에는 안전 관리를 한다는 명목으로 잘못된 것을 발견하면 고함을 치고 화를 냈지만, 이제는 대화를 통해 잘못을 깨닫게 하고 스스로 안전하게 일할 것을 약속하도록 유도하는 것이다.

그렇다고 SAO 활동이 처음부터 잘되었던 것은 아니다. 과거에는 누구도 이런 식으로 대화한 적이 없었다. 위험한 작업 현장을 목격하면 무작정 고함부터 질렀다. 그러다 보니 안전감독자가 노란색 안전조끼를 입고 현장에 나타나면 모두들 일손을 놓고 말았다. 행여 불안전작업 지적카드가 발부될까 두려워 아예 일을 멈춰버렸던 것이다. 이에 따라 리더와 현장 근무자들 사이에 불신만 쌓여갔다. 하지만 BSL과 듀퐁사로부터 SAO 6단계 대화 기법을 교육받고 난 후 현장에서의 대화는 이전과 완전히 달라졌다.

"안녕하세요? 저는 공장장입니다. 위험한 작업인 것 같은데 상당히 안전하게 작업을 하고 계시네요. 간단히 몇 마디 여쭐게요. 편안하게 답변해주세요. 지금 하시는 일은 어떤 작업인가요? 이 일을 하신 지 얼마나 되셨나요? 이 작업에서 가장 위험한 요소는 무엇인가요? 그런 요소는 사전에 어떻게 예방하나요? 혹시 사고가 발생하면 어떻게 대처하실 건가요? 무엇을 개선하면 귀하의 작업이 훨씬 안전해질까요? 성실하게 응답해주셔서 감사합니다. 오늘도 일이 끝날 때까지 안전하게 작업하세요."

안전교육은 현장의 안전을 지키는 것은 물론 현장의 분위기까지 바꿔 일할 맛 나는 일터를 만드는 데 일조한다.

세계가 인정하는 일벌레, 일본을 넘어선다

∴ 포스코는 이미 세계 최고의 수익을 내고 있지만 여전히 일본의 제철소를 찾아가 배우고 있다. 도요타자동차의 강판을 독점 공급하다시피 하는 신일본제철의 나고야제철소는 물론, 스미모토금속의 카시마제철소 등을 돌아보는 일은 혁신의 바쁜 일정 속에서도 결코 빠뜨리지 않는다.

"일본의 제철소가 모든 것을 말해주던 시절도 있었습니다. 당시에는 일본의 제철소에 견학을 가면 벽에 붙인 표어까지도 모두 외워왔지요. 한 사람이 모든 것을 외울 수는 없으니까 함께 간 사람들이 나눠서 외운 다음 밖에 나와 서로가 본 것을 한데 모았습니다. 그만큼 그들의 모든 것을 흉내 내고 쫓아가야 하는 서글픈 상황이었던 거지요. 그러나 이제는 그런 걸 보러 가는 것이 아닙니다. 우리가 배워야 하는 것은 눈에 보이지 않는 미세한 수준의 기술 차이니까요. 일본의 제철소들은 우리를 경계해 높은 기술력이 요구되는 곳은 아예 보여주지도 않습니다."

입사하던 때부터 지금까지 일본제철소를 벤치마킹하기 위해 수없이 일본을 드나들었던 오지은 공장장은 지난날을 이렇게 회고한다.

물론 지금은 일본의 제철소가 포스코를 견학 올 정도로 사정이 많이 변했지만 그들의 오랜 역사와 세계 최고라는 자부심 속에 깃든 정신, 그리고 앞으로 기술이 나아갈 방향을 읽어내기 위한 벤치마킹은 여전히 필요하다.

일본인은 세계가 인정하는 일벌레다. 그들은 집에 돌아가서도 일을 꿈꿀 정도로 지독하게 일한다. 대표적으로 도요타 전 사원의 50퍼센트가 일벌레라는 보고도 있다. 일본의 철강업계는 이들 일벌레 사원들 덕분에 1950년대 후반부터 미국의 US스틸을 제치고 세계 최고의 철강회사가 되었다. 그들은 연속주조를 비롯해 수많은 신기술을 만들어내며 세계 철강의 역사를 새롭게 썼던 것이다.

'잃어버린 10년'으로 불리는 일본 경기 침체기에 일본의 철강업계도 많은 변화를 겪었다. 그들은 10년간 임금을 동결하는 것은 물론 뼈를 깎는 구조조정을 하며 고급강 개발에 주력한 결과, 2000년 들어 다시 전 세계 누구도 넘보기 어려운 기술력을 확보했다.

포스코는 1970년대에 일본의 기술 협조를 바탕으로 철강을 만들기 시작했다. 그리고 얼마 지나지 않아 비록 일본보다 기술력이 뒤지고 생산성도 떨어졌지만 값싼 인건비와 우수한 현장 인력, 최신 설비의 이점을 살려 설비가동률을 100퍼센트까지 끌어올림으로써 세계 최고의 조강 능력을 갖추게 되었다. 그러나 조강 능력이 우수하다고 해서 최고의 철강회사라고 볼 수는 없다. 2004년, 후지모토 다카히로 도쿄대 교수는 《모노즈쿠리(제조업 세계 최강, 일본의 제조혼)》에서 포스코를 이렇게 평가했다.

"포스코는 초기에 신일본제철의 프로세스를 그대로 받아들였고 일본 기술진의 조업 지도를 받았다. 그런데 어느 순간 포스코는 일반강 열연코일이나 건설용 후판에서 놀라울 만큼 강해져 동남아의 강적이 되었다. 물론 자동차 외판용의 도금 강판 등 고급강에서는 여전히 약하다. 일반강의 경우 최신 설비를 갖추고 기본적인 조업 방법을 마스터하면 충분히 경쟁력을 갖출 수 있기 때문에 규모가 크고 가동률이 뛰어난 포스코가 이 분야에서 강한 것은 당연하다. 그러나 자동차용 도금 강판이나 산업용 전기 강판 등 완벽한 스펙(specification)을 내기 위해 일관된 품질 관리를 해야 하는 제품은 포스코처럼 제강부터 도금까지 세심하게 통합 관리하지 못하는 방식으로는 만들기 어렵다."

이런 평가는 포스코인의 자존심에 상처를 주었지만, 한편으로는 포스코가 한 단계 높이 뛰어오를 수 있는 결정적인 계기를 마련해주었다. 포스코는 고급강 체제로 가기 위해 부족한 부분이 무엇인가를 면밀히 검토한 다음, 주임의 상주화 및 운전-정비 일체화를 추진하였고 도전과제를 통해 크로스펑셔널(Cross Functional,

여러 부서간의 총체적 최적화)한 개선 체계와 품질 경영 시스템을 강화했다. 또한 기술 흐름을 선점하기 위해 일본 경쟁사의 기술을 지속적으로 벤치마킹하는 동시에 동향 파악을 게을리 하지 않았다.

"홍콩선언을 할 때만 해도 우리는 '우리가 더 이상 무엇을 할 수 있겠는가' 하고 생각했습니다. 하지만 우리는 이미 세계 최고급강을 만들어내고 있습니다. 그래도 우리는 여전히 일본의 제철 역사나 기술에서 배울 점을 찾아 벤치마킹하고 있습니다."

혁신을 통해 최단시간에 세계 최고급강을 만들어낸 신화를 쓴 허남석 부사장의 말처럼 포스코는 오늘도 더 나은 내일을 위해 배우기를 멈추지 않는다.

포스코를 응원하는 열렬한 팬

...
 포스코의 리더들이 현장을 얼마나 중요시하는지는 그들의 활동 반경을 살펴보면 금방 알 수 있다. 경영혁신 담당임원 윤동준 상무는 수시로 제철소를 찾아가 혁신 활동을 눈으로 확인하고 현장의 목소리를 경청한다. 제철소를 보면 혁신 이론이 현장에서 어떻게 받아들여지는지 한눈에 들어오기 때문이다.

 그는 아무리 좋은 이론일지라도 무조건 받아들이는 것이 아니라 혁신 활동을 하는 현장의 현실에 맞게 변형시킨 뒤 포스코에 가장 적합한 혁신 모델을 만들어낸다. 나아가 포항과 광양의 두 제철소를 오가며 양쪽의 장점을 서로에게 전해준다. 늘 현장을 찾은 덕분에 혁신이 어떻게, 어느 정도로, 얼마나 열정적으로 이뤄지고 있는지 누구보다 잘 알기 때문이다.

"현장에서 혁신 활동을 하는 사람들은 정작 자기 자신을 잘 모릅니다. 혁신의 열정에 불탄다고 해서 혁신을 잘하는 것은 아닌데 말입니다. 혁신에 몰입하는 사람들은 흔히 '우리가 하는 일은 모두 옳다'고 생각합니다. 이처럼 혁신은 강력한 드라이브를 동반하기 때문에 내부의 실수나 잘못을 지적하기가 쉽지 않지요. 이 경우, 저는 같은 회사 사람이지만 제철소 밖에 있기 때문에 좀 더 객관적으로 혁신의 잘잘못을 가려낼 수 있습니다. 더구나 양대 제철소와 본사를 수시로 오가므로 제철소의 특징을 더욱 잘 볼 수 있지요. 혁신에 관한 한 작은 바람도 제 풍향계에 모두 탐지됩니다."

열정이 뜨거울수록 자기 자신을 제대로 파악하기 어려운 법이다. 광양제철소는 혁신 활동을 시작하면서부터 6개월마다 정기적으로 외부인의 진단을 받아왔다. 과한 칭찬은 혁신의 방향을 어긋나게 할 수 있고 지나치게 냉정한 평가는 자칫 혁신의 불길을 꺼뜨릴 수도 있지만, 그렇다고 외부의 객관적인 평가를 두려워하면 혁신에서 성공하기 어렵다.

포스코의 외부평가단은 혁신 활동 전문가와 경영인으로 구성되는데, 가장 대표적인 외부평가자는 손욱 사외이사다. 현재 (주)농심의 대표이사인 손욱 회장은 위기에 빠진 삼성SDI를 세계 최고 수준으로 일으켜 세운 전문 경영인이다.

컴퓨터 모니터 시장이 포화상태이던 1990년대 중반, 삼성SDI는 제품 가격이 폭락하는 위기를 맞았다. 선진 기업의 앞선 기술 경쟁력과 후발기업의 가격 경쟁력에 밀려 세계 시장에서 설 자리를 잃어버린 것이다. 이때 손욱 회장은 과감하게 식스시그마를 도입한 후 현장의 프로세스를 바꿔 경쟁력을 키웠다. 그가 혁신 활동을 전개한 3년간 사원들과 현장의 변화를 위해 쏟아 부은 돈은 무려 700억 원에 달한다. 어쨌든 변화의 중심에 서서 과감하게 혁신을 단행한 덕분에 삼성SDI는 새롭게 도약할 수 있었고 손욱 회장은 식스시그마 전도사, 혹은 혁신의 전도사로 높은 명성을 얻었다.

손욱 회장이 광양제철소를 방문하던 날, 그는 기쁨을 감추지 못하며 이렇게 말했다.

"저는 오늘 펄떡이는 물고기를 만났습니다."

글로벌 넘버원 자동차 강판 전문 제철소를 완성하기 위해 온 열정을 다하는 광양제철소의 사원들이 마치 살아서 펄떡이는 물고기처럼 느껴졌다는 얘기다.

"현장 사람들이 모두 표정이 밝고 열정이 넘쳐나더군요. 어떻게 이 짧은 시간에 회사가 이렇게까지 바뀌었는지 정말 놀라운 일입니다. 작은 연구소 하나를 혁신하는 데도 평균 3년이 걸립니다. 그런데 이 엄청난 규모의 광양제철소는 불과 2년 만에 많은 것을 바꿨어요. 이 놀라운 힘은 대체 어디서 나온 걸까요? 우리나라는 벽이 많은 나라입니다. 사방이 모두 막혀 있어요. 소통이 어렵고 잘 융합되지 않아 시너지를 내기가 어려운 편이죠. 그런데 광양제철소를 보면 그런 것도 죄다 잘못된 편견일 뿐이라는 생각이 듭니다. 광양제철소는 직급을 초월해 전 사원이 하나가 되었으며 외주 파트너사와 지역 사회까지 끌어안고 함께 가는 놀라운 혁신을 이뤄냈습니다. 이곳에 와서 보니 길거리의 시민들까지도 광양제철소의 비전이 무엇인지 알고 있더군요. 이러한 분위기는 일하는 사람들을 고무시키고 자부심을 갖게 해 열정이 끓어오르도록 하는 힘이 있습니다. 여러분의 혁신 활동이 폐쇄적인 한국 사회를 바꿔놓고 있습니다."

혁신 전문가인 손욱 회장은 공동의 비전을 향해 일사불란하게 헤쳐나가는 광양제철소 사람들의 열정적인 모습을 보고 "이제는 광양제철소의 혁신을 지켜보고 다가올 미래를 기대하는 열렬한 팬이 되었어요"라며 활짝 웃었다.

chapter 07
혁신에는 마침표가 없다

포스코의 역사는 곧 혁신의 역사

창업 이래 지금까지 뚜벅뚜벅 걸어온 포스코의 역사는 그야말로 불가능을 가능케 만들어온 세월이었다. 처음에는 정말로 손에 쥔 것이 아무것도 없었다. 쇠를 만들 철광석은 물론 철을 녹일 석탄도, 제철소를 지을 기술도 없었다. 그래도 포스코는 기어코 해냈다. 무엇이 그것을 가능하게 했을까? 한마디로 말해 포스코의 저력은 창의력에서 나왔다. 마치 연금술사 같은 놀라운 창의력이 불가능을 가능케 만들었던 것이다.

'자원은 유한, 창의는 무한'이라는 당시의 표어는 아직도 포스코 사원들의 가슴에 생생히 살아 있다. "기업은 사람이 하는 것이고 사람만이 창의력을 발휘할 수 있다"고 했던 박태준 명예회장의 경영 철학도 여전히 유효하다. 포스코에게 창의력은 혁신의 또

다른 말이다.

제철소를 건설하기 시작할 무렵, 박태준 명예회장은 주택단지도 함께 건설하기 시작했다. 그때는 포항 1기 설비를 착공하기 전으로 겨우 부지 조성 공사만 진행하고 있던 터라 제철소도 짓지 못했으면서 집부터 짓느냐는 비난도 많았지만 박 사장은 꿈쩍도 하지 않았다.

사원들의 생활이 안정되어야 회사 업무도 잘한다는 그의 경영 방침은 그 시대의 CEO에게 그야말로 혁신적인 발상이었다. 그렇게 지어진 주택단지는 실제로 온갖 역경을 이겨내는 포스코인의 힘이 되었다. 이후 박 회장은 주택단지 안에 유치원을 시작으로 초, 중, 고등학교를 차례로 설립했고 1986년에는 국내 최초로 연구 중심의 포항공대를 설립하는 등 혁신적인 경영을 계속했다.

광양제철소를 건설한 것 역시 혁신적인 발상이었다. 당시의 기술력과 자본력을 충분히 알고 있었을 텐데 대체 어떻게 바다를 메워 일관제철소를 세운다는 발상을 할 수 있었을까? 바다에 모래 기둥을 박아 지반을 단단하게 한다는 생각은 또 어떻게 했을까? 온통 불가능한 조건뿐인 곳에서 오늘날의 광양제철소를 만들기까지의 과정은 모두 웅대한 혁신의 드라마다.

조업과 설비에서 혁신을 이룬 포스코는 1999년 유상부 회장의 주도 아래 기업의 모든 시스템과 제도, 관행 등 전체 과정에서 불필요한 요소를 없애고 효율성을 높이기 위해 또 다른 혁신을 단행했다. 포항제철소와 광양제철소 그리고 서울 본사를 하나로 잇고,

생산부터 판매까지 전 과정을 하나의 라인으로 읽을 수 있는 업무 프로세스를 만들었던 것이다.

포스코 PI라 불리는 시스템 개선 사업은 포스코의 일하는 방식을 완전히 바꿔놓았다. 이미 1974년부터 국내 최초로 업무 일체를 전산화했지만 PI는 이를 훨씬 뛰어넘는 것으로 세계 어느 나라의 제철소도 덤벼들지 못한 혁신이었다.

전사적으로 PI에 매달린 포스코는 프로젝트를 시작한 지 30개월 만에 지금껏 보지 못한 새로운 시스템을 수립했다. 이를 통해 업무 전반을 통합 관리하고 실시간 정보를 나눌 수 있게 되자 생산과 판매, 공정을 한눈에 알 수 있어 재고를 줄이고 리드타임(lead time)을 단축하는 효과가 나타났다. 또한 현재의 분석 결과를 토대로 미래를 예측하고 주문량을 초과해 남았거나 약간 결함이 있는 물품들을 전자상거래를 통해 판매할 수도 있었다.

이처럼 획기적인 PI 시스템을 구축하기 위해 포스코는 지금까지의 모든 시스템과 프로세스를 완전히 폐기했다. 이는 곧 시스템을 새롭게 시행하고자 전 사원이 완전히 새로운 교육을 받았다는 것을 의미한다. 1만 2,000명의 사원과 사외관계자 2,300명을 대상으로 실시한 시스템 교육은 거의 국가적인 차원의 컴퓨터 교육이라 불릴 만했다.

이렇게 해서 완벽하게 갖춰진 컴퓨터 시스템과 사원들의 높은 IT 실력은 이후 식스시그마를 수행해내는 바탕이 되었다. 식스시그마란 통계적 방법으로 모든 생산품과 품질 수준을 정량적으로 평가하는 품질혁신운동을 말한다.

2002년 식스시그마를 시작한 포스코는 사원들을 교육시켜 벨트를 따게 하는 방식의 교육 시스템을 도입했다. 덕분에 사원들은 프로젝트의 문제점을 해결하고 전략을 수립하는 등의 실력을 쌓으면서 그룹의 리더로 성장해갔다. 특히 부서의 최고책임자인 챔피언들은 미국 애리조나 주립대학에 파견돼 2주간의 식스시그마 리더십 교육을 받기도 했다.

포스코의 학습동아리가 그처럼 빠른 시간 안에 확고하게 자리 잡았던 이유는 회사가 지난 10년간 모든 프로세스를 전산화하고 사원들에게 높은 수준의 IT 실력을 쌓게 했기 때문이다. VP 역시 식스시그마를 통해 일의 개념을 정리 및 분류할 줄 아는 훈련을 받은 덕분에 현장에 곧바로 적용할 수 있었다. 한마디로 창업시대의 혁신을 이어받아 지난 10년간 단계적으로 일하는 방식을 변화시켜 온 혁신 활동이 포스코가 저력을 발휘하는 바탕이 된 것이다.

성공 체험은 더 큰 성공을 부른다

...
    광양제철소는 인생과 마찬가지로 몇 번의 고비를 넘기며 오늘에 이르렀다. 위기나 변화가 몰려올 때마다 혁신을 발판으로 특유의 근성을 발휘하며 성장해온 것이다.

    1990년대 말 철강업계가 호황기를 맞으면서 광양제철소는 고로 4기를 모두 돌려도 늘 쇳물이 부족해 쩔쩔매야 했다. 기획부서는 쇳물 증산 방안을 검토하고도 투자비가 어마어마하고 시간이 많이 걸려 주춤하고 있었다. 이때 제선부에서 4고로 옆에 있는 빈 부지를 활용해 코크스나 소결 공정 없이 5고로를 짓는 계획안을 내놓았지만 말도 안 된다는 면박만 쏟아졌다.

    당시 광양제철소에는 4개의 고로와 분철광석을 고로 사용에 적합한 크기의 덩어리로 만드는 4개의 소결 공장, 그리고 석탄을 건

류해 높은 강도의 덩어리로 만드는 4개의 코크스 공장이 있었다. 그런데 무턱대고 고로 하나를 더 지으면 고로에 넣을 소결광과 코크스는 어떻게 마련할 거냐며 반대를 했던 것이다. 더구나 덩어리 형태로 구워진 코크스는 값이 상당히 비쌌다.

그렇지만 5고로에서 코크스 대신 값싼 석탄을 밀가루 형태로 파쇄해 직접 사용하는 미분탄 사용량을 늘리고, 기존의 소결 생산성을 30퍼센트 이상 끌어올리면 별도의 소결 공장 없이도 5고로를 돌릴 수 있지 않을까? 그래도 부족한 소결광은 브라질에서 분철광석을 알맹이 형태로 만든 펠렛을 수입해서 넣으면 해결될 것이라고 생각한 제선부장은 새로운 도전에 동의한 동료들과 함께 홍상복 기술본부장을 찾아갔다.

그런데 기술본부장은 5고로를 지을 경우 쇳물이 남아돌게 되어 망설이자 당시 쇳물의 불순물을 제거해 강을 만드는 제강부의 부장이던 정준양 회장은 5고로에서 생산되는 쇳물을 소화시킬 새로운 기술 개발 방안을 제시하였다. 결국 남는 쇳물은 불순물을 제거하지 않고 쇳물 상태로 냉각시킨 냉선을 만들기로 하고 소결 공장이나 코크스 공장 없이 5고로를 짓기로 했다.

하지만 광양제철소가 포스코 전사 차원의 지원을 받으며 한창 신기술 개발에 전념하던 1997년 말, 뜻하지 않은 외환위기가 닥치고 말았다. 그야말로 모든 산업이 멈춰서고 수많은 직장인이 일자리를 잃고 거리로 내몰리던 암울한 시절이었다. 포스코 역시 모자란다고 난리를 치던 철강이 남아돌았고 달러는 무한정으로 치솟았다. 외국에서 원료를 전량 수입해야 하는 포스코로서는 심각한 위기가 아닐 수 없었다.

5고로 짓기에 매달렸던 광양제철소는 더욱더 난감한 지경에 놓이고 말았다. 자칫하면 5고로 때문에 회사가 경영난에 몰렸다는 원망을 들을 수도 있는 상황이었다. 그래도 하늘이 도왔는지 철강 시황은 빠르게 호전되었고 2000년 초에 드디어 5고로 화입이 시작되었다.

5고로를 가동하자 예상대로 쇳물이 남아돌았지만 정준양 부장은 남는 쇳물을 이용해 제강부의 기술력을 발전시켰다. 당시에는 3기의 전로 중에 2기를 가동해 쇳물의 불순물을 제거하는 작업을 하고 1기는 대기하는 2/3 조업이 보편적이었다. 이에 따라 모든 설비 구성과 시스템은 2/3 조업에 최적화되어 있었다. 그런데 쇳물이 늘어나자 제강 기술자들은 별도의 설비 투자 없이 남아도는 쇳물을 처리하기 위해 대기하지 않고 3기의 전로를 사용하는 3/3 조업에 도전했다.

이것은 100년의 현대 제강 기술 역사에서 획기적인 전환점이자 새로운 제강 역사의 시발점이나 다름없었다. 결국 이들은 수많은 실패를 이겨내고 새로운 조업 기술을 정립해 당초 하루에 70회 정도 쇳물을 취련하던 수준을 80회 이상으로 끌어올려 생산성을 10퍼센트 이상 높였다. 나아가 이들은 쇳물을 100회 이상 취련하는 기술을 개발해 세계 최고의 제강 경쟁력을 확보하게 되었다. 이는 압연 공장을 증산하는 기반이 되는 것은 물론 이후 광양제철소가 주도적으로 이익을 창출하는 프로피트센터(Profit center)로서 자리를 잡는 근원이 되었다.

5고로로 인한 위기를 극복하고 새로운 기회를 만들어낸 성공 체험은 광양제철소 사원들의 마음에 강한 인상을 남겼다. 성공 체험은 실패를 두려워하지 않는 도전정신과 용기를 만들어낸다. 광양제철소 사원들이 빠른 시간 안에 자동차 강판 전문 제철소로 거듭나지 않으면 회사가 어려워질 것이라는 리더의 말에 기꺼이 혁신의 대열에 선 것은 그러한 성공 체험이 있었기 때문이다. 성공 체험은 또 다른 성공을 불러오게 마련이다.

"도전하지 않으면 어떻게 성공하겠습니까? 혁신하지 않고 어떻게 새로운 역사를 만들겠습니까? 목표가 분명하다면 두려움을 버리고 매달려야 합니다."

혁신의 열정으로 남들이 불가능하다고 하는 꿈에 도전해서 마침내 그 열매를 얻어낸 혁신의 불씨들은 누구나 그렇게 이야기한다.

혁신을 통한 성공 체험이 자신들을 키웠다고 믿는 포스코 사원들은 아무리 작은 성공 체험도 항상 주위 사람들과 나눌 것을 권한다. 성공 체험은 생명력이 있어서 이야기를 나눌수록 더 많은 성공 DNA가 퍼져 나가 다른 사람에게까지 성공 체험의 씨앗을 심어주기 때문이다.

녹색 제철소의 꿈

•••
　정준양 회장은 취임하자마자 환경 경영을 경영 이념으로 선언했다. 공정상 불가피하게 온실가스를 배출할 수밖에 없는 철강업체가 온실가스 배출을 억제하기 위한 세계적인 환경운동과 저탄소 녹색 성장의 국정 이념에 발맞춰 환경지킴이로 나선 것이다.
　포항제철소는 이미 2007년 7월 지역 주민들의 생활환경 불편 해소와 제철소 가시오염도 개선을 위해 조봉래 상무를 주축으로 대기환경 개선 전담조직을 구성했다. '포항 시내보다 깨끗한 제철소 대기 환경 구현'을 목표로 다양한 활동을 펼치는 이들은 먼저 제철소 내의 먼지를 줄이는 일부터 시작했다. 이를 위해 자동 살수 장치(Sprinkler System)와 볼텍스 타입(Vortex Type)의 방진망을 설치하고 포항지역의 기후 특성에 적합하면서도 먼지차폐 효과가 큰 상록 활엽수 20만 주를 제철소 주변에 심었다. 그밖에도 다양한 노력이 하나둘 성공하자 그 자신감을 바탕으로 박승호 포항시장과 이상득 국회의원을 포함한 지역 인사들과 함께 제철소 환경을 체험하는 걷기행사를 열기도 했다.

그뿐 아니라 2009년 5월 7일에는 환경 비전 선포 500일을 맞이해 '지역과 함께하는 글로벌 친환경 제철소 구현'을 위한 점프업 실천을 다짐하였다.

앞으로 포항제철소는 단순히 먼지를 줄이는 환경 개선 활동에서 벗어나 냄새 오염까지 없애는 프로젝트를 실행해 먼지, 가시 오염 및 냄새가 없는 푸른 숲 속의 제철소를 만들어갈 계획이다. 그 실천 방안 중 하나로 지역 주민 12명을 환경모니터 요원으로 선발해 주민들이 직접 냄새 오염 정도를 감시하도록 하고 있다. 모니터 요원으로 선발된 해도동의 박호열 씨는 "주민들이 느끼는 체감도를 진솔하게 전달해 포스코와 지역 주민 모두가 윈윈하도록 하겠다"고 밝혔다. 또한 2009년 4월에는 발전소와 고로의 온배수가 방류되는 배수로에서의 물고기 서식 환경을 체험하고, 에코투어(Eco-Tour) 코스로 활용할 가능성을 엿보기 위해 생태서식장 낚시대회를 열었다. 이날 김진일 포항제철 소장과 사내 낚시동호회 회원들이 참석해 감성돔, 농어, 숭어, 황어 등 다양한 어종을 잡아 올려 즉석에서 시식함으로써 제철소 배수로의 물이 건강하게 살아 있음을 확인했다. 이제 포스코는 환경 법규를 잘 지키는 회사를 넘어 주민과 호흡하는 녹색 제철소로 변신 중이다.

1등은 혼자서 되는 것이 아니다

•••
　포스코는 도요타의 꿈이 곧 지역 사회의 꿈이었던 것과 마찬가지로 포스코의 꿈이 포항과 광양 시민의 꿈이길 바란다. 지역을 기반으로 성장한 기업은 반드시 자신이 뿌리를 내린 지역의 지속적인 발전에 기여해야 한다고 생각하기 때문이다.

　이러한 인식을 바탕으로 지역 주민과 하나가 되려는 차원에서 포항제철소는 매년 불빛 축제를 열어왔고, 이것은 이미 70만 명의 관광객이 몰려들 정도로 포항의 명물로 자리 잡았다. 광양제철소 역시 2007년부터 광양시의 역사적 특징을 살려 국악 난장 대축제를 개최하고 있으며, 2008년에는 여기에 대한민국 대학국악제를 추가했다. 포항에서는 불빛 축제, 광양에서는 소리 축제를 열고 있는 것이다.

그밖에도 포스코는 지방이 상대적으로 문화적 혜택을 적게 누린다는 점에 착안해 풍성한 문화행사를 열고 있다. 대표적으로 포항과 광양에 각각 효자아트홀과 백운아트홀을 운영하며 〈명성황후〉, 〈갬블러〉 같은 공연은 물론 〈호두까기 인형〉 등의 다채로운 문화행사를 마련해 지역 주민과 함께하고 있는 것이다. 또한 프로축구클럽으로 포항 스틸러스와 전남 드래곤스를 운영해 지역 주민들이 프로축구의 즐거움을 만끽하도록 하고 있다.

한편 제철소가 지역 주민과 하나로 어우러질 수 있는 방법을 고안하던 중 찾아낸 대표적인 아이디어가 바로 연리지 축제다. 연리지란 뿌리가 다른 두 나무가 어우러져 한 나무로 자라는 것을 말한다. 이처럼 제철소와 도시가 하나가 되어 초일류 기업 도시로 거듭나자는 의도에서 어울림 마당을 마련한 것이다. 연리지 행사에 참석한 이성웅 광양시장은 지역 인사와 주민들 앞에서 "광양제철소가 세계적인 경쟁력을 갖춰 동북아 자유무역도시 건설에 이바지하도록 적극 지원할 것"을 약속했고, 광양제철소장은 "광양이 아시아의 중심 도시로 도약하는 초석이 되기 위해 2008년까지 기필코 글로벌 넘버원 자동차 강판 전문 제철소가 될 것"을 다짐했다.

광양제철소와 광양시가 하나가 되기 위해 마련한 연리지 축제는 해마다 열린다. 그러나 1년에 하루 얼싸안고 노래를 부르며 축포를 쏘아올린다고 해서 연리지 나무가 되는 것은 아니다. 이것을 잘 인식하고 있는 광양제철소는 앞으로도 지역 사회와 연리지가 되기 위한 여러 가지 노력을 아끼지 않을 계획이다.

 포스코는 늘 지역과 공동 번영하기 위해 무엇을 할 것인지 생각한다. 그리고 상황에 따라 그때그때 가장 필요하다고 생각하는 일이면 무엇이든 팔을 걷어붙이고 나선다. 포스코의 이웃사랑에서 유일한 공통점은 '직급을 막론하고 포스코 사람이면 누구나 함께 한다'는 것이다. 포스코는 임원들도 다른 사원들과 마찬가지로 지역 봉사활동에 참여한다. 특히 포항제철소와 광양제철소 사원은 누구나 방역 도구를 메고 100여 개 자매마을과 자매단체를 누비며 소독 작업을 하고, 주변에 무성하게 자란 잡초를 베기도 한다. 통계적으로 나타난 2008년 포스코 사원들의 평균 지역 봉사활동 시간은 32시간이었다.

 이러한 노력으로 2008년 1월 정준양 사장은 광양시로부터 명예시민증을 받았고, 허남석 소장은 2008년 9월 광양시민의 날에 '올해의 자랑스러운 광양시민의 상'을 받았다. 물론 이 상은 개인이 아니라 포스코 사원 전체에게 주어진 것이나 마찬가지다.

 포항 시민, 광양 시민, 그리고 포스코 사원은 회사가 지역과 사랑을 나누고 지역이 회사를 믿어준다면 그 회사와 지역은 반드시 성공할 거라고 믿는다.

오늘 같은 내일은 없다

•••
　2009년 7월, 포스코는 지난 40년의 성공을 돌아보고 새로운 40년에 도전하면서 'Creating Another Success Story'를 다짐했다. 나아가 정준양 회장은 진정한 글로벌 기업, 철강업의 도요타가 되기 위해 'Creating Customer Success Story'를 새로운 슬로건으로 내놓았다. 이것은 고객만족, 고객감동을 넘어 고객의 성공을 기업의 목표로 내세운 대단한 도전이자 자신감이었다.
　하지만 포스코가 일본의 자동차 시장에 진입하기 위해 겪은 수모는 이루 말할 수 없을 정도다. 1990년 초, 일본에 건너간 포스코 사원들이 명함을 건네면 일본의 자동차 회사는 그것을 받으려고 조차 하지 않았다. 당시에는 '일본에서 통하면 세계에서 통한다'는 말이 세계 철강업계의 불문율이었다. 그만큼 일본의 철강 기술은 세계 최고 수준이었고 일본의 자동차 시장은 고급으로 알려졌다. 특히 일본에는 신일본제철이라는 최고의 철강회사가 일본인의 자존심을 지키며 굳세게 버티고 있다. 여기에다 세계 최대의 자동차 회사인 도요타가 신일본제철의 강판만 쓰며 일본인의 콧대를 세워주고 있다.

사실 도요타의 인도나 인도네시아, 태국 등의 현지법인에서는 이미 3년 전부터 포스코가 만든 강판을 쓰고 있었다. 도요타에 납품하는 부품회사들 역시 포스코의 거대한 고객이다. 그럼에도 일본 내의 도요타만은 포스코에게 문을 열지 않았다. 광양제철소가 비전을 '글로벌 넘버원 자동차 강판 전문 제철소 완성'으로 정하고 2008년 도요타 입성을 목이 터지게 외쳤던 것도 이처럼 도요타에 들어가기가 어려웠기 때문이다.

일본 본토의 도요타는 일본인의 보루나 다름없다. 따라서 도요타가 포스코의 강판을 선뜻 받아들이지 못한 데는 품질의 수준을 넘어 속지주의, 즉 일본 내의 도요타가 사용하는 강판은 일본의 철강회사에서 공급받는다는 원칙이 숨어 있었다. 이러한 의식은 에베레스트보다 넘기 힘든 난제였다. 하지만 결연한 각오로 비전을 선포한 날로부터 불과 2년 반이 지난 뒤, 광양제철소는 마침내 그 어려운 일을 해냈다.

현재 광양제철소는 단일제철소로는 유일하게 세계 최대 생산량인 650만 톤의 강판을 생산하고 있다. 이것은 전 세계에 운행 중인 자동차 10대 중에서 1대는 포스코의 강판을 사용한다는 것을 의미한다. 여기에다 포스코는 도요타의 까다로운 테스트를 통과해 2008년 9월 말까지 시험공급을 마치고, 2008년 말 일본 도요타에 도금 강판을 초도공급했다.

사실 광양제철소 비전 선포식이 있기 전만 해도 일본 도요타에 자동차 강판을 양산 공급하게 되리라고 꿈꾼 사람은 거의 없었다. 하지만 혼자가 아니라 모두 함께 꾼 그 꿈은 마침내 이뤄졌다.

지난 3년간 포스코는 광양과 포항에서 각 소의 특성에 맞춘 혁신 활동의 장점을 상호 벤치마킹했고, 본사 경영혁신실은 그 결과를 종합해 포스코만의 독특한 혁신 방식인 포스코웨이로 정립했다. 나아가 포스코웨이를 통해 새롭게 변화된 '일하는 방식'은 곧 놀라운 성과로 나타났다. 사원들의 창의 활동 참여율은 무려 90퍼센트를 넘었고 그 속에서 경영 활동에 크게 기여한 우수제안이 수천 건이나 쏟아졌다. 그뿐 아니라 국가공인자격을 취득한 사원이 40퍼센트 이상이고 기술의 핵심인 노하우 종합지식도 수백 건이나 작성됐다. 이러한 혁신은 2008년 포항제철소와 광양제철소를 합친 포스코 전체의 조강 생산량을 전년대비 무려 250만 톤이나 증가시켰으며, 특히 부가가치가 높은 전략 제품의 비율이 대폭 상승했다.

어디 그뿐인가. 본사와 포항, 광양을 아우르는 크로스펑셔널한 개선 활동으로 프로세스가 개선되고 일의 낭비가 현저히 줄어들어 2006년부터 매년 무려 1조 원이 넘는 원가절감을 달성했다. 특히 2008년에는 창사 이래 최대 흑자라는 역사적인 성과를 올리기도 했다.

만약 포스코가 2005년에 '창사 이래 최대 흑자'라는 달콤함에 취했다면 오늘의 놀라운 성장은 결코 이룰 수 없었을 것이다. 위기가 닥치기 전에 미리 위기를 인식한 경영진과 그러한 경영진의 위기의식을 받아들여 회사의 비전을 공유해준 전 사원이 혁신에 전념한 지난 시간은 분명 힘들었지만, 덕분에 2008년에 다시 한번 '창사 이래 최대 흑자'라는 뜻있는 결실을 얻을 수 있었다.

하지만 혁신의 성과가 이처럼 눈에 보이는 경영 이익과 사원의 역량 향상에만 있다면 약간은 무미건조하지 않을까? 도요타웨이가 그토록 강조하는 인간 존중의 모습은 어디에 있을까? 포스코는 그 해답을 성과 몰입도에서 찾는다.

포스코 사원들은 아침에 눈을 떴을 때 출근하고 싶은 회사, 내 일을 가치 있게 여기고 나에게 그 일을 완벽하게 처리할 역량이 있으며 내가 한 일의 결과를 올바르게 평가하는 회사가 사원들이 찾는 드림워크(Dream Works)라고 말한다. 그리고 포스코는 혁신에 대한 사원들의 만족감을 알아보기 위해 매년 휴잇(Hewitt)을 통해 범 포스코의 성과 몰입도를 측정한다.

2008년의 분석 결과는 진정한 혁신의 성과가 무엇인지 어렴풋이 보여주고 있다. 사원들의 성과 몰입도가 2003년 60퍼센트 수준에서 20퍼센트 이상이나 상승한 83퍼센트로 나왔던 것이다. 특히 이것은 지난 3년간 꾸준히 상승하고 있다. 앞으로도 포스코의 혁신 활동은 경영 성과 창출은 물론 인간 존중을 함께 이루는 데 초점을 맞출 것이다.

2008년 5월, 신일본제철의 사원들이 포스코를 찾았다. 세계 최고 수준을 자랑하는 신일본제철이 포항제철소와 광양제철소의 QSS 활동을 비롯해 포스코의 기술을 벤치마킹하기 위해 찾아왔다는 얘기다. 3년 전만 해도 신일본제철 사원들이 양대 제철소의 제선 공장과 제강 공장, 연주 공장을 돌아보고 현장의 혁신 성공사례를 듣기 위해 찾아오리라고 생각했던 사람은 거의 없었다.

역사는 늘 새롭게 쓰이게 마련이다. 살아 있는 것은 모두 끊임없이 변한다. 변화하는 세상에서 살아남으려면 변화를 두려워하지 말고 변화의 한가운데에 우뚝 서야 한다. 전쟁터 같은 치열한 세계 철강 시장에서 확고히 자리를 굳히려면 고급강으로 변해가는 자동차 시장을 확보해야 한다는 포스코 최고경영층의 판단은 정확했다.

혼자 꾸는 꿈은 그저 꿈일 뿐이다. 그러나 포스코는 모두와 함께 꿈을 꿨고 그것을 이뤄냈다. 그들은 수많은 사람에게 끊임없이 꿈을 말하고 어깨를 껴안으며 왜 꿈을 꾸어야 하는지, 왜 그 꿈이 이뤄져야 하는지 설득해 자신의 꿈속으로 끌어들였다. 그리고 그들이 꿔온 꿈은 현실이 되었다.

이제 포스코는 또 다른 꿈을 꾸기 시작했다. '오늘 같은 내일은 없다'는 혁신 정신으로 똘똘 뭉친 그들이 일본 도요타를 넘어 꿈꾸는 것은 바로 '철강업의 도요타'다. 이를 위해 포항제철소는 그

레이트워크(Great Works)를 꿈꾼다. 창조적인 인재를 육성하고 강건한 설비를 갖춰 초일류 제품을 만들어내겠다는 꿈이다. 그리고 광양제철소는 드림워크(Dream Works)를 꿈꾼다. 단일제철소 최대 규모이자 자동차 및 에너지용 강판 전문 제철소로서 고객에게 최고의 품질을 제공하는 '꿈의 제철소'를 꿈꾸는 것이다.

지금 전 세계는 금융위기와 실물경기 침체로 심각한 몸살을 앓고 있다. 이런 상황에서 생존을 위한 유일한 전략은 시장에서 언제나 최고로 인정받는 제품을 만드는 것뿐이다. 세계 최고의 기업으로 살아남으려면 미래를 예측할 수 있는 혜안과 경쟁기업보다 한 발 앞서 대비하고 투자하는 결단이 필요하다.

"Great Works, Dream Works for Creating Customer Success Story."

다가올 미래를 향한 포항제철소와 광양제철소의 비전은 이미 정해졌다. 남은 것은 다시 한 번 제철소의 현장에 혁신의 불길을 불어넣는 것이다.

에필로그

신화는 있다

1968년, 몹시 춥던 어느 겨울날의 새벽 4시.

롬멜하우스로 불리던 건설현장 사무소로 사람들이 속속 모여들었다.

"모두 우향-웃!"

그들 앞에는 박태준 명예회장이 눈을 부릅뜨고 서 있었다. 수평선 너머로는 이제 막 붉은 해가 솟아오르려는 듯 바닷물이 붉은빛으로 반사되어 일렁거렸다. 우렁찬 구호에 맞춰 사람들이 '우향우'를 한 곳에는 새벽바람에 사납게 휘몰아치는 검푸른 파도뿐, 아무것도 보이지 않았다.

"우리는 선조들이 흘린 피의 대가인 대일청구권 자금으로 제철소를 지으려 하고 있습니다. 우리가 제철소를 짓는 일에 실패하는 것은 역사와 국민 앞에 씻을 수 없는 죄를 짓는 것이나 마찬가지입니다. 만약 그런 일이 발생한다면 우리는 모두 저기 보이는 영일만에 몸을 던져야 할 것입니다."

그야말로 실패하면 목숨을 버릴 각오를 하고 덤벼든 제철소 건설이었다. 일본으로부터 보상받은 일부 자본금과 반드시 철을 만들어 나라를 살려야 한다는 정신력만 불타고 있을 뿐, 그들에게는 제철소를 지을 아무런 능력도 경험도 없었다. 그럼에도 영일만에 목숨을 던질 각오를 하고 모래밭에 제철소를 짓기 시작했던 것이다.

그날 새벽의 '우향-웃!'은 오래도록 포스코 사람들의 좌우명이 되었다. 그들은 '안 되면 되게 하라'는 전혀 이치에 맞지 않는 말을 당연한 말로 만들어가며 목숨을 건 우향우 정신으로 숱한 고난을 이겨냈다. 그들이 바라는 것은 오로지 제철보국이었다. 철로 나라에 보답한다는 제철보국 정신은 단순히 회사의 이념이 아니라 모든 포스코맨의 생활신조이자 인생철학이 되었다. 나아가 자본도 시장도 경험도 없던 시절에 '산업의 쌀'이라 불리는 철을 만들어 나라를 부강하게 만든 제철보국 정신은 지난 40년간 포스코를 이끌어온 힘의 원천이었다.

하지만 지금 포스코맨들은 자신을 기꺼이 혁신보국의 제물로 삼고자 한다. 그들은 "선배들이 지금까지 40년간 제철보국으로 살아왔다면 앞으로 40년은 혁신보국으로 살아야 한다"고 힘주어 말한다. 이는 철을 만들어내는 것으로 나라에 보답한 선배들의 뜻을 이어 앞으로는 끊임없는 혁신으로 포스코를 세계 최강의 자리에 영원히 올려놓겠다는 후배들의 단호한 선언이다.

혁신은 절대 쉬운 일이 아니다. 서점에 있는 수많은 혁신 교과서와 유명인들의 혁신 강의, 성공한 경영인의 혁신 체험담 등 들려오는 이야기는 많지만 아직까지 '혁신에서 지속적으로 성공한' 이야기는 없다. 그러나 철을 만드는 일에 온몸을 불태우는 포스코인들은 뜨거운 열정과 넘치는 사랑으로 끊임없이 혁신에 매달린다. 혁신은 치열한 경쟁시대에서 살아남기 위한 최선의 방법이기 때문이다. '지금 그대로 영원히'라는 말은 노랫말 속에나 있는 얘기다. 이 세상의 어떤 것도 지금 그대로 영원히 버틸 수 있는 것은 없다. 변화하는 세상에서 살아남기 위해서는 끊임없이 내가 먼저 변화해야 한다.

혁신의 성공은 사람을 혁신하는 것과 일하는 방식을 혁신하는 것, 두 가지에 달려 있다.

사람을 혁신하는 것은 정말 어렵다. 저마다 생각과 고집, 가치관이 다른 사람들을 혁신의 대열에 참여시키기란 산을 들어 옮기는 것과 같을 정도다. 하지만 혁신의 불길을 댕기기만 하면 사람들은 스스로를 혁신한다. 이는 곧 사람을 바꾸려 하지 말고 사람의 마음을 움직여야 한다는 것을 의미한다.

사람은 마음이 움직여야 몸을 움직인다. 마음이 움직이면 십 리 길도 버선발로 따라 나서지만 마음이 움직이지 않으면 앉은 자리에서 한 발자국도 움직이지 않는 게 사람이다. 그러므로 사람을 혁신하려면 우선 그 사람과 마음이 통해야 하는데 상대방의 마음을 움직이는 근본적인 힘은 이해와 사랑이다.

일하는 방식을 혁신하는 것 역시 쉽지 않다. 우리나라 사람들은 전 세계에서 가장 많이 일한다. 그렇지만 그 효과는 별로 높지 않아 노동생산성은 좋지 않다. 그 이유는 무엇일까? 바로 일하는 방식이 잘못되어 있기 때문이다. 이러한 인식을 바탕으로 포스코는 식스시그마와 마이머신, 학습동아리, VP를 통해 일하는 방식을 완전히 바꿔버렸다. 또한 많은 비용을 투자해 안전교육과 벤치마킹을 실시함으로써 사원들이 일하는 태도를 변화시켜 일의 효율을 높였다.

지금까지 포스코는 숨 돌릴 틈 없이 많은 것을 배우고 새로 만들어 적용하면서 혁신을 거듭해왔다. 그 결과 포스코가 세운 비전을 모두 달성했고 혁신은 성공했다. 이러한 포스코의 성공신화를 완성시킨 것은 바로 사원간의 뜨거운 동지애다. 포스코의 비전을 이해하고 어려움을 함께한 열정적인 동지애가 없었다면 QSS나 학습동아리, VP 같은 혁신 방법은 모두 실패하고 말았을 것이다.

혁신의 성패는 사람들에게 얼마나 신뢰를 얻는가에 달려 있다. 서로의 마음을 열고 진심을 털어놓는 소통이 이뤄지지 않는다면 제아무리 세계적으로 이름난 혁신의 툴일지라도 절대로 성공할 수 없다. 혁신은 사람간의 벽을 허무는 것, 사람들이 만든 잘못된 관습을 무너뜨리는 것, 자신에게 익숙하다고 무시하는 시간과 업무의 낭비를 없애는 것을 말한다. 한마디로 일하는 문화를 바꾸는 것이다.

포스코의 리더들이 정성을 다한 일 중 하나는 사원들의 신뢰를 얻는 것이었다. 이를 위해 그들은 한 번 내뱉은 말은 철썩 같이 지켰고 쉽게 마음을 열지 않는 사원들에게 먼저 다가가 얼싸안았다. 나아가 사원들과의 소통을 위해 학습동아리에 들어가 직접 댓글을 달아가며 사원들의 마음이 변해가는 것을 지켜보았다.

이처럼 사원들의 마음을 움직인 것은 리더들의 진심이었다. 이러한 신뢰를 토대로 포스코는 동료들끼리는 물론, 직급에 상관없이 서로 말이 통하는 직장이 되었다. 지금까지 포스코가 이뤄낸 기적 같은 성과는 모두 그러한 소통이 가져다준 선물이다.

이제 포스코는 또 다른 혁신을 만들어가고 있다. 지금껏 뿌린 혁신의 씨앗이 뿌리를 내려 포스코만의 DNA가 되고 나아가 하나의 문화로 자리매김하길 원하기 때문이다. 도요타의 TPS가 도요타의 고유문화로 자리 잡은 것처럼 포스코의 혁신이 문화로 자리매김할 때까지 포스코의 혁신은 결코 끝나지 않을 것이다.

"행여 우리의 작은 성공이 지나치게 부풀려지지 않기를 바랍니다. 또한 우리가 이룬 일들이 누구 한 사람, 불씨라 불린 몇 사람의 공으로 잘못 이해되지 않기를 바랍니다. 우리는 한 가지 목표를 향해 함께 걸어가는 동지입니다. 우리에겐 리더가 따로 없습니다. 우리 모두가 함께 고민하고 고통을 참아가며 지금까지 온 것입니다.

우리는 이제 겨우 5부 능선을 올라왔을 뿐입니다. 아직도 가야 할 길이 멀지요. 창업 시대에 자주관리 활동으로 혁신의 DNA를 키운 이래 1999년의 PI, 2002년의 식스시그마, 그리고 최근 3년간의 혁신 활동으로 이어지며 이제야 모양새를 갖춘 포스코웨이의 틀을 만들었습니다. 하지만 도요타웨이처럼 그것이 사원들의 몸속에 자리 잡고, 다음 세대에 자연스럽게 승계되는 기업 문화로 뿌리내리기 위해서는 지금의 혁신 활동을 일관성 있게 지속시켜야 합니다.

우리는 지속성과 습관화라는 짐을 메고 다시 정상을 향해 한 걸음 한 걸음 발을 떼야 합니다. 지금 우리가 자랑할 만한 것은 남들이 모두 올라가기를 두려워하는 산을 오르기 시작했다는 것뿐입니다. 어렵고 힘든 줄 모르고 시작한 것은 아니지만 우리도 때로는 지치고 맥이 풀립니다. 그래도 우리는 산을 완전히 오를 때까지 계속 변화하면서 열정을 불태울 것입니다.

과거 우리의 선배들은 박태준 명예회장의 "짧은 인생, 영원 조국"이라는 강한 신념과 리더십 하에, 제철보국이라는 사명감 하나로 온갖 고통과 시련을 이겨내고 오늘날의 포스코를 만들었습니다. 이제 우리에게는 산업 현장을 혁신해 세계 최고의 철강회사를 만들어야 할 책임이 있습니다. 따라서 혁신이 우리의 문화로 정착될 때까지, 우리의 다음 목표인 2018년 매출액 100조 달성과 글로벌 Top3 · Big3가 되기까지, 우리가 일하는 방식이 포스코웨이가 되어 세계의 인정을 받을 때까지 포스코의 혁신은 계속될 겁니다."